Romance Espírita

UNA CASA AZUL EN LA COLINA

Zenilda Ferreira Rezende

Traducción al Español:
J.Thomas Saldias, MSc.
Trujillo, Perú, Marzo, 2024

Título Original en Portugués:
"Uma casa azul na colina"
© Zenilda Ferreira Rezende, 2002

World Spiritist Institute

Houston, Texas, USA
E – mail: contact@worldspiritistinstitute.org

Del Traductor

Jesús Thomas Saldias, MSc., nació en Trujillo, Perú.

Desde los años 80s conoció la doctrina espírita gracias a su estadía en Brasil donde tuvo oportunidad de interactuar a través de médiums con el Dr. Napoleón Rodriguez Laureano, quien se convirtió en su mentor y guía espiritual.

Posteriormente se mudó al Estado de Texas, en los Estados Unidos y se graduó en la carrera de Zootecnia en la Universidad de Texas A&M. Obtuvo también su Maestría en Ciencias de Fauna Silvestre siguiendo sus estudios de Doctorado en la misma universidad.

Terminada su carrera académica, estableció la empresa *Global Specialized Consultants LLC* a través de la cual promovió el Uso Sostenible de Recursos Naturales a través de Latino América y luego fue partícipe de la formación del **World Spiritist Institute**, registrado en el Estado de Texas como una ONG sin fines de lucro con la finalidad de promover la divulgación de la doctrina espírita.

Actualmente se encuentra trabajando desde Perú en la traducción de libros de varios médiums y espíritus del portugués al español, habiendo traducido más de 310 títulos, así como conduciendo el programa "La Hora de los Espíritus."

Una historia atrapante y apasionante de principio a fin. *Una Casa Azul en la Colina*, de Zenilda Ferreira Rezende, presenta una narrativa que oscila entre la realidad y el sueño, marcada por una tenue línea divisoria.

A medida que se desarrollan los hechos, impredecibles y sorprendentes, lo invisible y la materialidad se compenetran y revelan un mundo insospechado.

Lo que destaca en *Una Casa Azul en la Colina* es el sentido actual de familia, institución a preservar de los pequeños acontecimientos de la vida cotidiana, en las actitudes de cada miembro en su relación con los demás y en las palabras pronunciadas muchas veces irreflexivamente.

Zenilda Ferreira Rezende nos brinda, a pesar de la sencillez con la que cuenta la historia, una profunda e inolvidable lección de vida.

✱ ✱ ✱

La vida se desarrolla para cada uno de nosotros, día tras día, como un arroyo, buscando caminos, sorteando obstáculos, hacia un destino desconocido.

Paralelamente a los acontecimientos aparentemente triviales e intrascendentes, existe una realidad espiritual que muy pocos todavía son capaces de percibir.

Para ellos, todo es a menudo solo una realidad onírica.

Una Casa Azul en la Colina, de Zenilda Ferreira Rezende, transforma el simple acto de leer, a través de una narrativa que se desarrolla con palabras sencillas y frases directas, en una inmersión paulatina en un universo aparentemente oscuro.

Poco a poco, los escenarios se van definiendo y los personajes desempeñan sus papeles en intrigantes diálogos.

Los misterios de la vida se aclaran en secretos transparentes a la percepción de quienes traspasan el velo que se alza en el umbral de los mundos invisible y material; entonces, naturalmente, las cosas empiezan a tener sentido y descubres lo necesario que es saber vivir y llevarse bien con los demás.

Una casa azul en la colina

El camino continuaba río arriba. Era tarde, casi de noche y mi marido conducía a más de 100 kilómetros por hora. Si hubiera sido hace un rato, seguramente me habría angustiado, quejándome y pidiéndole que redujera la velocidad, aunque en ese momento el camino estaba casi desierto.

Sin embargo, últimamente no me importaba nada. Estaba sentada a su lado, pero en realidad estaba bastante lejos. Pensé en Vania.

¡Era todavía tan pequeña! Solo tres años de vida y necesitaba estar sola en ese hospital grande y triste, enferma y lejos de mí.

Cuando Sérgio se volvió hacia mí, tenía tanta tristeza en los ojos que la escondió hacia la ventana, observando el paisaje tan idéntico, parecía una escena moviéndose de aquí para aquí, de aquí para allá.

¡Hasta hace tres años nuestra vida había sido tan diferente! Una familia activa, alegre, muy feliz.

Esto es gracias al respeto y al cariño que nos unía, combinados con la alegría siempre presente en Valéria y Elisabeth, nuestras hijas mayores, que ya tenían ocho y nueve años cuando nació Vania.

No me entusiasmaba mucho la idea de tener un nuevo bebé, pero Sérgio tenía tantas ganas de ser padre de un niño que decidimos hacer un último intento.

– ¿Y si viene otra niña?

Le pregunté un día mientras hacíamos planes para el nuevo miembro de la familia que estaba por llegar.

— Está bien – dijo –. Después de todo, podemos permitirnos el lujo de cuidar de una niña más. Además, siempre existe la posibilidad que nazca un niño.

Si esto sucede, puedes estar segura que estaré celebrando durante todo un mes.

— ¿Esto significa que si es otra niña no habrá celebración? – Pregunté, fingiendo estar muy enojada.

— No es nada de eso, Helena.

Sabes muy bien que no tengo nada en contra de las mujeres.

Al contrario, las tres que tengo en casa me encantan, y si llega una más solo veo un problema: el trabajo que tendré que hacer para mantener a los halcones de la vida en el lugar que les corresponde.

— Pero, dada la diferencia de edad entre ella y sus hermanas, cuando llegue el momento, estaré bien preparada para lidiar con los chicos inteligentes.

— Pero tú también la amarás. ¿Lo prometes?

— Desafortunadamente para ti y las chicas, tendrás que compartirme.

— Ya amo a este bebé sin importar si es niño o niña.

La mayoría de las madres imaginan que solo ellas tienen el privilegio de poder amar a un niño antes que nazca. Esto no es cierto. Me encantaba antes de conocer a Valéria y Elisabeth, y también me enamoré de esta o de este que está por llegar.

Este diálogo que tuvimos justo antes de dar a luz me hizo inmensamente feliz. Aun así, realmente estaba apoyando a un niño.

Yo ya estaba en el octavo mes de embarazo y las dos mayores se sentían eufóricas y preocupadas, pero sus opiniones eran muy distintas a la mía.

Tenían celos del bebé que estaba por nacer y querían ver nacer otra niña. Me enteré de esto cuando escuché, sin quererlo, el final de una conversación entre ambas:

– Papá piensa que sería bueno tener un niño en casa, pero eso no es cierto – dijo Valéria.

– Odio que venga Marquitos.

– Se ríe de nuestros chistes todo el tiempo. ¡Y cómo le gusta bromear!

– El otro día llegó disfrazado y me jaló del pelo. Incluso lloré de ira.

– Sí – continuó Elisabeth –. ¿Recuerdas ese día que me llamó estúpida, solo porque estaba encubriendo a Andréia? Dijo que las muñecas no sienten frío y se rio como un tonto.

– No sabe jugar a fingir. No vamos a tener un hermano. Nuestra bebé será una niña muy hermosa y buena.

Logré contener la risa y me alejé lentamente antes que notaran mi presencia, para evitar pasar vergüenza. Al día siguiente, al hablar de este tema con mi cuñada, ambas nos reímos mucho.

Marquitos es mi sobrino y le encantaba atormentar a las niñas. Mirando hacia atrás, ¡estas cosas parecían tan lejanas!

Hacía mucho tiempo que no prestaba atención a las chicas.

Al pensar en esto, sentí una punzada de remordimiento, que inmediatamente reprimí, volviendo a concentrarme en Vania. Mi dulce hijita.

Ella era en quien siempre necesitaba pensar, hasta que ocurrió un milagro y ella regresó a casa, hermosa y saludable.

Porque ella solo me tenía para orar por su salud.

Amarla tanto, que incluso desde la distancia pudiera sentir la fuerza de ese amor que la haría reaccionar y luchar por su vida, que a juicio de los médicos pendía de un hilo.

¿Por qué Dios mío?

Sérgio nunca me escuchó cuando dije que la niña tenía un desarrollo muy lento.

Quizás si hubiéramos iniciado el tratamiento poco después de su nacimiento, se habría podido detener la enfermedad y se habría logrado una cura. Los médicos me aseguraron que no. Dijeron que había nacido con un problema cardíaco grave e irreversible y que no había manera que hubiera sobrevivido a una operación. Ni siquiera podían entender cómo pudo haber vivido normalmente y sin mayores problemas hasta los dos años.

Según la gravedad de la enfermedad, se esperaba que hubiera muerto dentro de los primeros meses de vida.

Sin embargo, la enfermedad no empezó a manifestarse gravemente hasta los dos años. Ahora llevaba un año sufriendo intensamente, delgada y demacrada, pero aun con vida.

A pesar de sentir todo su sufrimiento, en mis oraciones, nunca tuve el valor de pedir que este sufrimiento fuera eliminado por la muerte.

Quería a mi hija. La amaba y pensaba que si había nacido era porque tenía derecho a la vida. Desafortunadamente, todo lo que pude hacer fue orar y llorar con ella. Por supuesto, todos los familiares y amigos sintieron pena, pero el dolor era solo mío y de Vania. Tenía derecho a pensar así, porque nunca pude olvidar la decepción de Sérgio cuando vino a visitarnos justo después de dar a luz.

– Sí. Realmente era otra niña. Pero está bien. Ella es muy linda.
Se parece a ti – dijo nada más al llegar.

– Lamento no poder darte un hombre, como querías, respondí muy dolida.

Pero creo que ni siquiera se dio cuenta, porque continuó:

— Realmente operaste, ¿no?

— Me operé — respondí irritada —. ¿No habíamos acordado que sería así?

— Perdóneme por ser solo una mujer en lugar de una máquina que se puede programar sin errores.

— Tonta — dijo Sérgio, sonrojándose muchísimo cuando finalmente se dio cuenta de cuánto daño me había hecho.

— Estoy muy feliz. Las quiero y lo más importante es que todo ha ido muy bien y las dos están en plena forma.

Dos días después estaba intentando amamantar al bebé que nunca parecía tener hambre, cuando llegó mi marido.

Nos observó y cuando se dio cuenta que mis esfuerzos no daban ningún resultado, dijo muy nervioso:

— ¡Deja de forzarla, Helena! Al fin y al cabo, este no es nuestro primer bebé y sabes muy bien que si no acepta comida es porque no la necesitas. El pediatra nos lo explicó muy claramente.

Lo miré asombrada y no dije nada, me sentí muy ofendida por su forma brusca y nada gentil de hablarme.

Esto se debe a que no vi motivo para tanta exasperación.

— Vine a llevarte a casa — continuó un tanto torpemente —. Pero el doctor Alfonso aconsejó que se quedaran uno o dos días más. ¿Está bien?

Simplemente levanté los hombros, sin ningún deseo de responder.

Sérgio besó a la niña y a mí también y luego se fue.

Después que se fue, lloré.

Solo nos dieron de alta del hospital cuatro días después. El Dr. Alfonso dijo que era solo para que el bebé se fortaleciera un poco más. Pensé que todavía era tan pequeña como cuando nació.

De todos modos, cuatro días no podrían hacer ninguna diferencia.

En el camino, Sérgio intentó parecer feliz y relajado, pero se notaba que estaba triste o aburrido, no lo sé. Sin resistir la tentación, comenté:

– Siento que hay algo que te molesta, no pareces muy contento con tu nueva hija.

Mirándome de reojo, respondió:

– ¡Por favor, no digas eso!

Estoy teniendo algunos problemas en la firma, pero todo estará bien pronto.

¡Dijo todo tan vagamente! No escuché ninguna emoción o culpa en su voz, que era lo que esperaba. Lamenté haber hablado de esa manera.

Por otro lado, en casa encontré un ambiente relajado y festivo.

Mi suegra, algunas amigas y las niñas nos recibieron calurosamente, con mucha euforia y una hermosa mesa de dulces y snacks salados. En cambio, llegué de mal humor y no veía la hora de refugiarme en mi habitación.

Elisabeth y Valéria querían hablar. Me extrañaban y querían abrazar a su hermana pequeña. Me irrité y terminé hablándoles en voz alta.

Naturalmente, no aceptaron mi falta de control y se arrinconaron.

Esto acabó con la fiesta.

Más tarde, en mi habitación, recibí la visita de Valéria que vino a preguntarme por qué había vuelto a casa tan enojada.

Me senté a hablar con ella, pero el bebé lloriqueaba en su canastilla y me levanté para atenderla. Le pedí que esperara un poco, pero decidió irse. No queriendo permitir este tipo de comportamiento que entendí como una rabieta, no tomé la iniciativa de buscarla. Creo que fue incluso mejor porque realmente no sabría qué decirle.

Esa noche no pude dormir. Lo que iba a ser un día festivo acabó siendo un desastre. ¿De quién era la culpa? No sé. De todos modos, se me metió en la cabeza que eso era un mal augurio.

En los días siguientes, nada se volvió más fácil. Las dos chicas siempre intentaron acercarse a Vania y yo pronto las seguí. Me parecía que tenía que proteger a la pequeña, no sabía ni de qué.

Sin libertad, Valéria y Elisabeth miraron al bebé por un momento y se alejaron humildemente.

– Tengan paciencia – les dije –. Tan pronto como crezca un poco más, mamá las dejará jugar con ella. Vania todavía es demasiado delicada para que alguien la cargue.

Sérgio nunca cargó al bebé. Iba a verla todos los días cuando llegaba del trabajo.

Por lo general, le daba una suave caricia y luego se alejaba.

Ya no sonreía tan fácilmente como antes. Cuando no estaba haciendo nada, colocaba a una de las chicas en su regazo y permanecía en silencio y pensativo, mirando al vacío.

Día tras día observaba sin poder reaccionar, la felicidad desapareciendo de nuestras vidas. Recordé con cariño cuando decidimos casarnos. Fue entonces cuando compramos esa casa, donde nos instalamos nada más al llegar de nuestra luna de miel.

De naturaleza extrovertida, pronto tuvimos amigos en todo el vecindario. Joven, llena de sueños y energía, Elisabeth tenía apenas once meses cuando nació Valéria.

Habíamos acordado tener un par de hijos desde el principio, para poder tener tiempo y disfrutar de la vida juntos. La llegada de dos niñas no cambió nuestros planes.

Me colocaron un DIU porque considerábamos que la familia estaba completa y yo todavía era demasiado joven para operarme.

La pequeña diferencia de edad entre los dos niños no me causó ningún inconveniente, pues para cuidar de ambos podía contar con la alegre y espontánea ayuda de los vecinos y de sus hijos mayores que siempre estaban cerca, distrayéndolas a ambas.

¡Con Vania todo era tan diferente! Una amiga rara vez me visitaba e incluso las amigas más cercanas de las chicas ya no venían a casa con frecuencia.

Creo que era porque siempre estaba extremadamente nerviosa y ni siquiera permitía que mis hermanas jugaran solas con la pequeña.

Lo que me preocupaba era que la veía siempre durmiendo y comiendo tan poco. Un bebé muy tranquilo, que rara vez lloraba, pero tampoco sonreía, siempre pálida y flaca. Cuando le mencioné esto a Sérgio, él simplemente se encogió de hombros y dijo:

– Te preocupas por nada. El sueño también alimenta. Además, debes estar segura de lo que quieres. Con las mayores estabas nerviosa porque dormían poco, ahora te quejas porque la pequeña duerme mucho. Es hora que decidas qué es lo mejor, "dormir o no dormir", esa es la cuestión.

Me enfadé porque me di cuenta que hacía como que no entendía y al día siguiente fui a hablar con el médico, que me dijo más o menos lo mismo.

Insistí y pregunté si no sería mejor hacer unos exámenes rigurosos. Encontró esto innecesario.

Después que se confirmó la enfermedad, expresé mi deseo de demandar al médico, a lo que Sérgio rápidamente no estuvo de acuerdo.

– Tú valoras más al doctor Alfonso que a tu hija – le dije indignada, cuando empezó a defender al doctor.

– No tiene sentido discutir, porque no lo entenderías, pero por favor, trata de escucharme y dejen en paz al Dr. Alfonso.

Decidí no seguir con el asunto, pero esta conversación aumentó mi certeza que a mi marido realmente no le importaba mucho la pequeña Vania, y me hizo recordar una serie de otros acontecimientos que confirmaban esta opinión.

Cuando Elisabeth intentó sus primeros pasos, Sérgio, muy emocionado, insistió en enseñarle a caminar. Colocaba a la niña de pie, sosteniendo algunos muebles y luego la llamaba desde lejos, sosteniendo en su mano un juguete o dulce que pudiera tentarla a ir a buscarlo.

Con Valéria actuó de la misma manera.

Vania tardó mucho en gatear. Después de más de año y medio no podía levantarse, o mejor dicho, ni siquiera lo intentaba.

Un día, al llegar a casa del trabajo, Sérgio vio que quería hacer que la niña se pusiera de pie sosteniendo una silla. Ella no estabilizaba sus piernas e insistí suavemente, animándola con palabras de cariño.

Mi marido se irritó mucho, llegando incluso a ofenderme al decirme que no debía exigirle a una niña más de lo que era capaz de ofrecer. También dijo que si Vania era diferente a sus hermanas, yo debería aceptarla sin problemas.

Dos meses más tarde la enfermedad se manifestó con toda su fuerza.

Ese día, mientras el auto corría hacia la granja de mis padres, donde las niñas estaban de vacaciones, todas estas cosas volvieron a mí. Quizás fue un intento por mi parte de demostrarme a mí misma que la indiferencia con la que había estado tratando a mi marido últimamente no era un acto de injusticia, aunque, por momentos, su mirada triste casi me ablandaba.

Pero no podía olvidar que él tenía su parte de culpa en relación a la salud de la niña, aunque fuera por omisión.

Estaba recordando esto con la vista fija en la carretera cuando, de repente, en una curva cerrada, vi ese camión enorme que venía hacia nosotros, por el lado equivocado de la carretera.

Instintivamente cerré los ojos y sentí el impacto de un choque, seguido del chirrido de neumáticos. Escuché el sonido de vidrios rotos y metal retorcido; finalmente, sentí la sacudida de una frenada repentina. Todo esto pasó en una fracción de segundos y ni siquiera me caí ni me golpeé con nada.

Cuando todo se calmó, abrí lentamente los ojos y miré a mi alrededor.

Sérgio estaba inmóvil, inclinado sobre el volante. Con el corazón acelerado, lo llamé y no obtuve respuesta. Llamé más fuerte y nada.

A pesar que todos los cristales estaban rotos y la parte delantera del coche muy abollada, Sérgio no tenía ninguna herida aparente y yo tampoco.

Recé para que estuviera vivo.

Lentamente acerqué mis manos a sus labios y para mi tranquilidad sentí su respiración.

Se había desmayado. Necesitaba encontrar ayuda urgentemente.

Podría haber algún problema interno y en este caso necesitaba ayuda médica. ¡Si tan solo el camión se hubiera detenido!

¿Qué podría hacer allí sola? Todo estaba tan desierto. De un lado, el río; por el otro, solo vegetación. No se vieron otros vehículos en el área inmediata.

Miré a mi alrededor desconcertada y para mi sorpresa vi algo muy brillante elevándose en medio de la vegetación, al lado izquierdo del camino, no muy lejos de donde me encontraba.

– Parece una bombilla encendida – pensé emocionada.

Como Sérgio no sangraba, le puse mi abrigo en la espalda para mantenerlo abrigado, cerré el auto y traté de llegar hasta donde brillaba esa luz. Como el camión nos había empujado a un costado de la carretera, no hubo problema para dejarlo por unos minutos.

Después de cerrar el auto, fui a mirar a mi esposo una vez más y todavía estaba inconsciente. Finalmente decidí cruzar la calle. Tenía un poco de miedo de dejar solo a Sérgio y pensar que tendría que internarme en la espesa vegetación.

Pero necesitaba intentarlo. Cuál fue mi sorpresa cuando llegué al otro lado y vi que había un camino ancho, que iba exactamente en la dirección desde donde vi brillar la luz.

Después de caminar mucho, noté que la luz no estaba tan cerca como había pensado. De cualquier manera, no iba a rendirme.

Finalmente me acerqué lo suficiente para confirmar que el destello efectivamente provenía de una lámpara encendida, frente a una mansión.

Desde donde estaba podía ver claramente una casa muy grande, toda pintada de azul, ubicada en lo alto de una colina. Con fuerzas renovadas por la esperanza, "apreté" el paso. Poco después llegué a la puerta de la hermosa propiedad, que tenía un vasto y hermoso jardín.

Aplaudí y mientras esperaba que vinieran a contestar, noté que el edificio parecía muy antiguo, pero estaba perfectamente conservado.

Me atendió una señora que parecía muy amable y delicada, observándome con simpatía, mientras escuchaba muy atentamente mi relato.

Cuando terminé de contarle lo sucedido, después de pensar un momento, ella expresó su opinión:

– Hiciste muy bien en venir aquí en busca de ayuda. Tengo un hijo que puede ir a ayudar a tu marido. Mientras tanto, puedes entrar a descansar un poco.

– No puedo, señora – respondí rápidamente –. Debo acompañar a tu hijo.

– Dejé a mi marido inconsciente y no descansaría tranquila. Luego, si a pesar de los daños mi coche sigue funcionando, con la ayuda del chico puedo llevar a Sérgio al hospital más cercano.

– No te preocupes por nada hija mía, hay un buen hospital muy cerca de aquí, donde mi hijo trabaja como enfermero.

– Aunque tu coche no funcione, tenemos nuestro camión y mi hijo es un gran conductor.

Puedes estar segura que solo él hará el trabajo con total éxito.

¿Y cómo te llamas?

– Lo siento, estoy tan nerviosa que no me acordé de presentarme.

– Mi nombre es Helena de Castro y vivo en Pinheiros, cerca del centro de São Paulo.

Nos dirigíamos a la finca de mis padres, en la ciudad de Jacareí, cuando ocurrió el accidente.

– Un placer conocerte querida. Mi nombre es María da Gloria. Te presentaré a Emanuel.

Es mi único hijo y además un gran tipo. Estoy segura que cuando lo conozcas tendrás total confianza en dejarle cuidar de tu marido.

Por increíble que parezca, fue así.

Nos presentaron e inmediatamente sentí que podía confiar completamente en él. Acepté quedarme, con la condición que Emanuel viniera a recogerme en cuanto Sérgio estuviera medicado.

Después de escuchar las explicaciones de su madre, el chico nos pidió permiso para ir a ayudar a mi marido.

Doña María me dijo que me pusiera cómoda y salió de la habitación.

Minutos más tarde regresó trayendo té y galletas. No tenía hambre, pero acepté con gusto una taza de té. La bebida me reanimó y al mismo tiempo me relajó. Entonces, de repente, como por arte de magia, sentí invadirme una agradable sensación de paz y tranquilidad, largamente olvidada.

Como si pudiera leer mi mente, la buena señora dijo:

– Ahora que estás más tranquilo deberías intentar dormir un poco. Prometo que te llamaré tan pronto como Emanuel regrese, ¿de acuerdo?

Mi cuerpo anhelaba un poco de descanso, así que decidí aceptar la sugerencia.

Doña María me acompañó por un largo pasillo, donde había varias puertas. Eran tantos que decidí preguntarle si en esa casa vivía sola con su hijo.

– Así es, respondió ella. Desde que perdí a mi marido, somos solo nosotros dos.

– ¡Pero esta casa es tan grande! – Exclamé asombrada.

– Patrimonio familiar, que decidimos preservar. Pero también es muy útil.
Siempre damos la bienvenida a muchos amigos y podemos acomodar a todos. Pero por el momento este no es el caso. Ahora debes intentar descansar. En estas tres primeras habitaciones a tu derecha hay camas vacías. ¡Ah!... Se me olvidaba decirte que por el momento no tengo una habitación solo para ti.
Pero ten la seguridad que le doy mi palabra que todos nuestros invitados son excelentes criaturas. No te importará descansar en una habitación con otra chica, ¿verdad?

– ¡No! ¡Claro que no! Simplemente no quiero molestarte.

– Así que no te preocupes. Siempre vienen aquí y ya conocen bien las reglas de la casa.

– No es necesario presentarlos. Esto sucede espontáneamente en cualquiera de las habitaciones a las que entras. Haznos saber con un ligero golpe y entra. Siempre mantenemos las puertas abiertas.

Elegí la primera de las tres habitaciones que me indicaban y me disponía a entrar, cuando escuché un golpe en la puerta principal.

Decidí esperar, pensando que tal vez Emanuel regresaría, ya que decían que el hospital estaba cerca.

La voz que escuché no era la del chico y me dirigía de regreso a la habitación, cuando doña María me llamó. Fui a encontrarla y luego me explicó que alguien había venido a traer un mensaje de Emanuel.

– ¿Sérgio está realmente mal? – Pregunté alarmado.

– Está muy bien. Tendrá que pasar la noche en el hospital únicamente en observación.

– Mi hijo me pidió que te dijera que tomó la iniciativa de reparar su auto en un taller de su confianza. Mientras espera que esté listo, lo disfruta y le hace compañía a tu marido.

Dijo que no nos preocupemos, porque a más tardar mañana por la tarde los dos estarán de vuelta. Personalmente creo que en este caso lo mejor que podemos hacer es disfrutar de un buen sueño nocturno – concluyó mi anfitriona.

Acepté, porque en ese momento no podía hacer más que esperar al día siguiente. Esta vez doña María me acompañó hasta el pasillo y entró en una habitación justo enfrente de la que elegí para pasar la noche.

Llamé suavemente y abrí la puerta con cuidado, un poco torpemente. Sin embargo, pronto me sentí a gusto, recibiendo inmediatamente un alegre y jovial:

– Bienvenida.

Miré hacia el saludo y vi a una hermosa joven rubia apoyada en una de las camas sonriendo amistosamente.

– ¡Hola! – Le dije –. Lamento perturbar tu descanso.

– ¡Eso es todo, amiga! No hay nada de eso aquí. Por lo que veo, esta es la primera vez que estás aquí.

– Sí. ¿Y tú?

– Creo que es la centésima o más.

– ¡No digas! ¿Cómo te llamas?

– Nora ¿y tú?

– Mi nombre es Helena. Ahora que nos conocemos, ¿podrías darme alguna información sobre este lugar? Me pareció poco elegante seguir interrogando a la dueña de casa, quien me recibió muy amablemente.

– Hasta donde yo sé, estará muy feliz de aclarar tus dudas. Dime lo que quieres saber.

– Primero, debo explicarte por qué estoy aquí.

Un camión chocó contra mi auto, dejando a mi esposo inconsciente. Salí en busca de ayuda y encontré esta casa gracias al destello de una bombilla visible desde el lugar del accidente.

Cuando llegué aquí me recibieron con total buena voluntad. En ese mismo momento la señora de la casa estaba dispuesta a enviar a su hijo para ayudar a mi marido y me invitó a quedarme y descansar. En principio quería ir con el chico, pero terminé accediendo a esperar aquí.

Ahora estoy un poco confundida.

– ¿Por qué?

– Porque doña María me dijo que vive sola con su hijo.

Me dijo que siempre recibe muchas visitas y me habló de las reglas de la casa.

Dices que vienes aquí a menudo. ¿Significa esto que este lugar es una especie de institución o quizás un campamento de verano? De una forma u otra, ¿cómo puede funcionar con solo dos personas?

– Lamentablemente no tengo una respuesta concreta a tu pregunta.

Lo único que sé con certeza es que todas las personas que he conocido aquí han venido a esta casa buscando ayuda. Algunos llegaron del mismo modo que ustedes, siguiendo la luz de la lámpara que doña María se esmera en mantener siempre encendida. Otros fueron traídos por alguien que ya conoce el lugar o por el propio Emanuel, quien nunca niega ayuda a quien lo necesita.

– ¿Entonces no eres amiga de la familia?

– Todos lo somos. Aquí, como explicó la dueña de casa, siempre hay mucha gente y nadie recibe especial atención. Todos se sienten cómodos y tienen el mismo tipo de relación con los propietarios. Doña María es muy amable y responde a todo lo que le preguntas, pero no creo que le interesen los problemas personales de cada uno de nosotros en particular. Ella siempre tiene una sonrisa en los labios y se encarga de servir personalmente a todos su delicioso té, no sé qué.

¿Sabes que es este increíble té es el que me anima a visitar constantemente este lugar?

– Increíble en verdad. Me sentí renovada después de beber un buen sorbo de ese té.

¿Podría ser que haya algún medicamento mezclado con él?

– Quizás, Helena. Emanuel es enfermero y, por tanto, esto es bastante posible y no sería motivo de preocupación.

– Bien. Dime, ¿dónde vives? Como vienes aquí a menudo, tengo que imaginar que vives cerca.

– No es lo mismo. Esta propiedad se encuentra prácticamente aislada en este lugar.

– ¿Prácticamente?

– Sí. Estaría totalmente aislada si no existieran esas personas excéntricas que viven en un valle, allá abajo, detrás de la colina.

– ¿Por qué dices que son excéntricas?

– ¡Ni siquiera quieres saberlo, niña! Son personas muy inteligentes, que parecen entenderlo todo.

– Les encanta hablar y siempre encuentran una solución a cualquier problema para que alguien se los presente. Y aun hay más: van completamente desnudos, sin el más mínimo pudor.

– Lo más interesante es que esto, tratándose de ellos, no nos causa ninguna vergüenza, cuando, normalmente, debería escandalizarnos, ¿no crees?

– Un campamento nudista – comenté asombrada –. No sabía que había uno en Valle de Paraíba.

– No es un campamento nudista – continuó Nora.

– La gente no está allí para pasar un buen fin de semana. Viven en ese lugar.

– ¿Cómo estás segura?

– ¡Ah!... lo sé.

– Evidentemente los visitas a menudo.

– Yo no. Nadie va allí por turismo. Esto no está permitido.

– ¿Por qué? Me acabas de decir que les gusta hablar. Si no reciben visitas, ¿cómo supiste lo que me dijiste?

– Generalmente se quedan a orillas del "Arroyo Encantado", y cuando alguien del lado opuesto hacen lo mismo, comienza la conversación. Ellos mismos toman la iniciativa de iniciar el intercambio de ideas. Siempre es así conmigo.

– ¡No digas! ¿Y qué es "Arroyo Encantado"?

– Lo que dice el nombre: un arroyo.

Es también la demarcación del límite entre las dos propiedades.

– Aquí es donde estamos y del que te hablo.

– El agua de este arroyo contiene poderes mágicos que purifican a las personas. Por eso se llama "Arroyo Encantado". Según escuché, el agua se divide en tres partes distintas, cada una con una función específica, que combinadas pueden cambiar por completo el destino de quien decida ingresar al arroyo.

– ¿Es cierto? – Pregunté con aprensión.

– No pasa nada amiga, debes estar muy cansada.

Vamos a dormir y mañana volvemos a ello.

Veo que logré asustarte. A estas alturas debes estar imaginando que no soy normal, ¿verdad Helena?

Antes que tuviera tiempo de responder, se abrió la puerta y entró doña María tirando de una mesa con ruedas que estaba llena de tazas, así como de dos grandes teteras, de cuyos caños escapaba un tenue vapor.

– Cuando la vi entrar en esa habitación pensé que se había ido a dormir, doña María – dije al verla.

– Solo fui a cambiarme de ropa mientras esperaba que hirviera el agua para preparar el té.

– Nunca me retiro sin antes asegurarme que todos estén bien alojados – me respondió la amable señora –. Un té calentito es sin duda la mejor garantía para un sueño tranquilo y relajado.

Mientras hablaba, la señora de la casa colocó una taza llena del humeante líquido en cada una de las mesas de noche, al lado de las camas. En ese momento, a pesar de sentirme extrañamente relajada, no pensaba en dormir. La pequeña Vania, como siempre, ocupaba mis pensamientos, aunque de forma mucho menos dolorosa que antes de llegar a esa casa. ¿Qué le estaría pasando a Sérgio?

También me entristecía imaginar cuánta preocupación les estábamos causando a mis padres y a las niñas al no llegar a la finca a la hora prevista. Lamentablemente doña María me había informado que no tenía teléfono y a esa hora de la noche realmente no podía hacer otra cosa que esperar.

Cuando miré la cama de Nora, ella ya dormía plácidamente. Me senté en mi cama y disfruté de mi té sin prisas.

Ni siquiera me di cuenta cuando el sueño me envolvió profunda y suavemente, completamente libre de los constantes sobresaltos y horribles pesadillas que me invadían sin permiso previo desde hacía algún tiempo.

Como resultado, a la mañana siguiente me desperté descansada y de buen humor.

Nora, mi compañera de cuarto, ya se había levantado hacía un rato, mientras su cama estaba hecha.

"Debe ser tarde" – pensé mientras intentaba abrir la ventana.

Después de acostumbrarme a la luz brillante y mirar hacia afuera, el cuadro que encontré me dejó deslumbrada. El jardín, ahora iluminado por la luz del Sol, era mucho más hermoso de lo que podría haber imaginado. Profusión de flores de todas las formas, tamaños y colores, con un ligero predominio del amarillo.

Un espléndido coro de pájaros cantaba suavemente una dulce melodía en medio de una pequeña multitud.

Había hombres y mujeres de distintos tipos, mezclando blancos, negros, amarillos, etc., que pasaban tranquilamente, en una increíble armonía visual y sensorial.

Seguramente me habría pasado horas contemplando aquel magnífico cuadro, que bien podría haber sido la obra suprema de un genio desconocido, si Nora no hubiera llegado a llamarme a desayunar.

– Lo siento – dije avergonzada –. Dormí demasiado y encima pensé que podría quedarme un poco paralizada ante esta ventana y observar este impresionante jardín.

– No deberías disculparte, Helena. Me desperté hace un rato. Ya era hora de darse una ducha. Además, puedo entender perfectamente tu asombro.

Yo también sentí lo mismo la primera mañana que desperté aquí. Incluso ahora que yo estoy acostumbrada, a veces me pierdo en el mundo cuando miro hacia afuera. Esto parece el Jardín del Edén, ¿no?

– ¡Exactamente! Usaste la única palabra capaz de definir lo que se puede ver a través de esta ventana.

– Pero ahora es el momento de despertar de una vez por todas y cuidar tu vida.

– ¿Llegó alguna noticia de mi marido?

– Creo que no. Cualquier mensaje que llegue se nos transmite inmediatamente.

– Está bien. Después de todo, la fecha límite para que regresen es el final del día y esto apenas ha comenzado.

– ¿Vas a esperar a que me prepare?

– Si tienes hambre, no es necesario. Encontrarás el camino y te veré más tarde.

– Nada, Helena. Cuando me quedo aquí lo que menos siento es hambre.

– Pero en cualquier caso debemos honrar a nuestra anfitriona.

– Adelante, cuídate y yo te haré la cama.

En la mesa recordé la conversación que tuve con Nora la noche anterior y a modo de broma decidí hablar con doña María, quien nos hacía compañía durante esta primera comida.

– Esta nueva amiga mía es graciosa – dije –. Imagínate que me contó una historia sobre la existencia de un arroyo que está encantado y cuyas aguas tienen vida con poderes mágicos y todo. ¿Lo crees?

Nora me miró, pero no sonrió, como esperaba que hiciera. Realmente creí que estaba tratando de jugar conmigo cuando inventó esa historia.

– Tal vez esto no sea una broma, hija mía – respondió la dueña de casa.

En realidad hay un arroyo que separa esta propiedad de otra, el cual está habitado por personas consideradas exóticas, porque viven de una manera muy diferente a la que estamos acostumbrados, y muchas personas creen que el arroyo que nos separa de ellos es encantado o mágico, lo que quieras.

– ¿Es cierto entonces? – Dije interesada –. Quisiera saber más sobre esto.

Entonces doña María me contó que detrás de su propiedad, colina abajo, vivían, en una gran llanura, estas personas que eran muy diferentes a las convencionales. Nunca abandonaban el límite entre las dos tierras. No es que fueran distantes. Al contrario, siempre estaban bordeando el arroyo, dispuestos a hablar con cualquiera que se acercara a la orilla opuesta. Dijo que parecía ser su pasatiempo favorito, el acto de aclarar dudas y explicar cosas a cualquiera que necesitara o quisiera escucharlas. También confirmó el hecho que todas estas personas estaban desnudas y dijo que sus opiniones demostraban que las personas en cuestión poseían una sabiduría inusual en todos los asuntos.

– ¿No es un grupo de científicos el que decidió fundar una comunidad de estudios? – Pregunté, sintiéndome brillante por resolver el misterio.

Siempre he oído que los científicos tienden a ser raros.

– Bien podría ser esto. Pero me temo que hay ciertos hechos que refutan tu idea – dijo doña María.

– Por favor, cuéntamelo todo – dije un poco decepcionada al ver que mi teoría era rechazada tan rápido –. Me muero de curiosidad.

– Entonces escucha con atención: en primer lugar, esa comunidad está formada por hombres, mujeres y niños, lo que ya debilitaría tu opinión.

Pero hay muchos otros detalles interesantes, como, por ejemplo, el hecho que acogen a cualquier persona entre ellos, siempre que el interesado se comprometa a deshacerse de todas sus pertenencias, incluida la ropa y los zapatos que lleva puestos, antes de aventurarse a cruzar el arroyo.

En ese momento decidí interrumpir y decir:

– Algo anda mal en esta historia, doña María. Primero Nora me dijo que nunca fue a visitarlos porque no lo permiten.

Ahora vienes a decirme que para visitarlos la persona tendrá que ir completamente desnuda.

Te juro que no entendí.

– ¡Cálmate, hija mía! Ahora lo entenderás. Nadie necesita desvestirse para visitarlos, porque en realidad no reciben visitas.

– Pero quien quiera pasar a su lado debe aceptar convertirse en miembro de la comunidad y nunca podrá regresar. Pero claro, nadie en su sano juicio querrá cruzar esa corriente.

– Porque si lo haces, te estarás entregando prisionero de esta extraña comunidad, que aparentemente creó una nueva secta. Éste me parece un negocio muy rentable para los extranjeros en busca de fortuna, a costa del fanatismo religioso.

– No estoy de acuerdo contigo, Helena. Si fuera una secta con fines de lucro, ¿por qué exigirían que el individuo se deshiciera de sus pertenencias antes de ir allí?

– ¿Y quién se queda con los objetos abandonados?

– Después de desnudarse, la persona recoge todo y lo arroja al arroyo.

– ¡Entonces, doña María! Esto bien podría ser una estafa. ¡Podrían haber construido una presa con una red lejos de aquí, donde alguien esperaría para recoger cualquier cosa de valor!

– Ésta es una buena posibilidad. Pero no podemos garantizar que sea real. Al fin y al cabo, no andan reclutando gente y tampoco ponen restricciones para aceptarlas. Cualquiera puede ir a vivir entre ellos, simplemente obedeciendo la única regla que les exige cruzar el arroyo libres de todas y cada una de las posesiones materiales que posean. Cualquiera bien, ¿entiendes? Y no solo cosas valiosas, como joyas o dinero.

– Lo sé. Pero nada impide que esto sea una movida. Si no pasa nada, ¿por qué no permiten visitas? El simple hecho que mantengan a personas detenidas en su propiedad me parece motivo suficiente para investigar lo que ocurre allí. ¿Alguien ha avisado alguna vez a las autoridades sobre esto?

– No, Helena. No hacen daño a nadie y nadie se mete con ellos.

– Lo que no entiendes del todo es que a la gente no se le retiene. Cuando alguien decide ir hacia ellos, sabe perfectamente que nunca podrá volver, porque así es la ley. Por lo tanto, solo estando completamente seguro de lo que va a hacer, el individuo tiene el valor suficiente para cruzar la corriente.

– Dígame una cosa, doña María: si la persona hace todo el ritual necesario para ser aceptada y luego camina hasta el final del puente y luego se arrepiente y regresa, ¿cómo podrá recuperar las cosas que arrojó al arroyo?

– Esto no puede suceder, porque no hay puente. El arroyo está atravesado por agua. Dicen que es para purificar, librar el cuerpo de todas las impurezas.
En cuanto a llegar a la otra orilla y arrepentirse, eso nunca sucedió.

– Pero creo que si la persona logra regresar, antes de pisar su tierra, nadie intentará detenerlo.

– ¿Por qué crees que la persona no podrá regresar?

– Por el motivo que nos hizo iniciar esta conversación.

– El hecho que el arroyo esté encantado o sea mágico.

– Pero al fin y al cabo, ¿qué tiene de extraordinario este arroyo que lo hace considerado mágico?

– El agua que contiene presenta tres variaciones de temperatura al mismo tiempo, dependiendo únicamente de la distancia entre los márgenes.

– ¿Cómo así?

– Las aguas de este lado tienen temperatura normal; justo en el centro del arroyo casi se congelan y en la orilla opuesta, del otro lado, las aguas tienen una temperatura por encima de lo normal; es decir, están tibias.

– ¡Esto es increíble! – Exclamé –. Pero no veo cómo podría influir en la decisión de alguien de ir y luego regresar, si ese fuera su deseo.

– Pero claro que sí, Helena – dijo doña María –. Si alguien decide entrar en la corriente, con el agua a temperatura ambiente, continúa.

Al darse cuenta que empieza a hacer frío, la tendencia es instintivamente caminar más rápido para escapar del malestar que poco a poco irá aumentando hasta que el individuo casi se desmaya debido al frío. Entonces, la persona pensará en regresar, pero, como por arte de magia, el frío intenso es sustituido por una sensación cálida y placentera es lógico que la persona no intente regresar y afrontar el sufrimiento que quedó atrás, teniendo en cuenta que quienes deciden ir a esa comunidad lo hacen porque no ven nada atractivo en el lugar donde vivían hasta entonces.

– ¡Son suicidas, así es! – Dije categóricamente –. Consciente de todo lo que me acabas de contar, simplemente estando muy desesperado, alguien podría querer cruzar ese arroyo, con la intención de irse a vivir entre gente extraña, y que, además, es realmente extraña.

– Una cosa más, hija mía: lo que te acabo de decir nunca ha sido confirmado por nadie que haya cruzado el arroyo.

Estas cosas las deducimos con solo observar quién se va por su comportamiento durante la travesía.

– ¿Cómo se comportan?

– Al ingresar al arroyo, que tiene aproximadamente 1,20 metros de profundidad y mide alrededor de 15 metros de una orilla a otra, el individuo recibe orientación de los vecinos de esa comunidad, para que pueda recorrer todo el trayecto, aunque sepa cómo nadar.

La persona entra muy rápidamente al agua y comienza a caminar con naturalidad los primeros 5 metros, cuando notamos que le afecta una extraña agitación. Se nota un gran esfuerzo y un intento frustrado de correr. Hay gente que emite un sonido ahogado como si se estuviera quedando sin aire. Hay gente que mira hacia atrás desesperada, como pidiendo ayuda para volver. La mayoría empieza a temblar mucho.

Pero esta triste situación dura poco tiempo. Pronto la persona se deja sumergir completamente en el arroyo como si se desmayara y, al emerger, puede estar seguro, caminando con firmeza y confianza, que el doloroso obstáculo ha sido definitivamente vencido.

Y ahora que te he contado todo lo que sé, no te vas a perder esta hermosa mañana sentada adentro, ¿verdad?

– Perdón. Esta curiosidad mía todavía termina haciéndome daño.

– Nora, ¿salimos a disfrutar de este hermoso día?

La joven se levantó y me siguió en silencio. Salimos al jardín donde además de toda la belleza que ya he descrito, se podía sentir en el aire el perfume más ligero, suave y delicioso del mundo. Por increíble que parezca, me sentí muy bien en ese lugar.

No había olvidado el sufrimiento de mi pobre hijita y estaba preocupada por la salud de Sérgio, de quien no había sabido nada desde la noche anterior. Sin embargo, estas cosas no podían desesperarme, como antes de llegar a aquel lugar.

No es decir que sentí alegría, no es eso. Pero acepté la tristeza con naturalidad, sin rebelarme, y esto me hizo mucho bien.

Estaba tranquila, casi feliz.

Caminamos lentamente, Nora y yo, entre las flores.

Estaba tan absorta en mis ensoñaciones que solo mucho después que salimos de casa noté el cambio en el comportamiento alegre y hablador de Nora. Ella seguía a mi lado, caminando en silencio, con expresión indiferente y pensativa.

– Lo siento, Nora – dije al notar su mirada desconsolada –. Estaba analizando mis propios sentimientos y, sin quererlo, me ausenté de este mundo. ¿Cómo ves, hablemos más?

– Esto depende de ti, Helena. Como no confías en mí, no crees lo que digo, ¿vale la pena hablar conmigo?

– ¿Por qué dices estas cosas?

– ¿No fuiste a confirmar con doña María lo que te dije del arroyo?

– ¡Ah...! Eso es todo. Lo siento de nuevo, Nora. Pero debes entender que esta historia es muy fantástica.

– ¿Crees que alguien puede dudar de doña María?

– ¡No!

– Así es. Aun así, me gustaría ver con mis propios ojos a estas personas que pasean desnudas y resuelven gratis cualquier problema a orillas de un arroyo encantado.

– ¿Estás de acuerdo en que esto no es nada común?

– Tienes toda la razón, Helena. Los he visto de cerca y ni siquiera sé con certeza si son personas reales o simplemente una alucinación.

– ¿Entonces es cierto que conoces a esta gente y estuviste cerca de ese arroyo?

– ¡Claro que sí! Y la primera vez que fui allí tuve la tentación de cruzar al otro lado de ellos.

– ¿En serio? ¿Y por qué una mujer joven como tú dejaría a su familia y amigos para irse a vivir en medio de extraños tan excéntricos? – Pregunté, teniendo presente una palabra que Nora había pronunciado poco antes: "Alucinación."

– Bueno – respondió ella –. Para que lo entiendas, necesito contarte algunos detalles sobre mi vida. ¿Estás dispuesta a escucharme?

– Soy todo oídos – respondí, mientras observaba el comportamiento de otras personas que caminaban a nuestro alrededor, por el inmenso jardín. Sus expresiones eran en general de pura y genuina tranquilidad.

Esto no me parecía muy normal, pero dejé de prestar atención a este detalle, dispuesta a escuchar lo que Nora iba a decirme.

Mientras nos dirigíamos a una banca con la intención de conversar cómodamente, doña María apareció en una de las ventanas de la casa y saludó con la mano llamándonos, o mejor dicho, llamaba a Nora. Eso lo pudimos entender a través de los gestos, porque desde donde estábamos no la podíamos escuchar.

– Parece que doña María quiere decirme algo. Tonterías que me acompañes, Helena.

– Siéntate aquí y ya vuelvo, ¿vale?

– Está bien.

Nora se alejó hacia la casa y yo me dediqué a observar el lugar y la gente.

Todos se movían tan ligeramente que parecían flotar. ¡Allí todo era diferente!

El mismo aire que respirábamos era inmaculado, en el sentido exacto de la palabra. Se podía sentir su pureza a través del aroma de las flores; quiero decir que sentiste un perfume suave y delicado y al mismo tiempo respirar un aire tan ligero que parecía haber sido filtrado a través del filtro más fino que tal vez exista.

Además, la suavidad de una brisa que apenas rozaba nuestra piel, proporcionaba una sensación de bienestar tan completa que cuando me entregué al entorno, pensé que estaba realmente suelta en el espacio. La única razón por la que no volé al infinito fue porque una señora vino a sentarse a mi lado y me habló:

– Buenos días, compañera – dijo alegremente –. ¿Está todo bien? ¡Pareces tan distraída!

– ¡Hola! Sí señora, todo está muy bien y eso es lo que me sorprende – respondí regresando a la tierra.

– ¡Vamos! – Dijo la amigable criatura –. Esta es la primera vez que escucho a alguien quejarse. Siéntete cómoda.

– Bueno, tengo una hija pequeña que está gravemente enferma, mi esposo y yo fuimos víctimas de un accidente y actualmente él se encuentra internado en un hospital a causa de ello. Desde anoche no he sabido nada de ninguno de los dos.

Aunque soy plenamente consciente de todo esto y los amo inmensamente a ambos, me siento muy bien. ¿Qué me dices sobre esto, es normal?

– No sé. Pero sé que no es importante. Mira, por ejemplo. Padezco un tipo de cáncer grave e incurable. Desde que me trajeron para quedarme en esta casa me siento tan bien, como nunca me había sentido en toda mi vida.

¿Qué hago? Voy a intentar aprovechar este estado de gracia, sin perder el tiempo preguntándome si esto es normal o no. Y si me permites un consejo, haz lo que yo, amiga. "Me gusta" y no te dejes impresionar porque no puedes ser infeliz.

Tan repentinamente como llegó, la señora se alejó, antes que pudiera responder.

Mantuve los labios entreabiertos para responder, y sus últimas palabras bailando en mi cabeza me hicieron sonreír. Esto era exactamente lo que me estaba pasando a mí. No podría sufrir.

¿Será que este fenómeno ocurrió con todos los invitados de esa casa? Por la apariencia tranquila y aireada de todos, podría haberlo jurado.

Miré hacia la casa, esperando ver a Nora de regreso, pero lo que vi a medio camino fue la mirada infantil de un niño que me sonreía amistosamente.

Una vez más quedé admirada por la claridad de aquel semblante, que sugería un mundo lleno de paz y armonía. Cada vez me sentía más intrigada por ese lugar.

Lo más interesante es que los demás que estaban allí parecían perfectamente integrados en ese rincón. ¡Era como si estuviera viendo una película, estando dentro de la pantalla!

Me sentí aislada y, como Nora aun no había regresado, saludé al chico que me estaba mirando y él se acercó.

– Hola, mi nombre es Helena. Soy nueva aquí.

– Encantado de conocerte, Jair, a tu completa disposición.

– El placer es mío. ¿Eres pariente de la familia o eres un visitante como yo?

– Visitante.

– ¿Te gusta el lugar?

– Mucho. Imposible que no te guste.

– ¿Hace mucho que estás en esta casa?

– Bastante tiempo. Pero no sé cuánto. Después de la primera semana, ya no me preocupé por el calendario.

– Entiendo. ¿No te gustaría sentarte un rato y hablar?

– Llegué anoche y no conozco a nadie aquí excepto a mi compañera de cuarto.

– Acepto. Será un placer conocer a alguien más antes de irme. Debo salir esta tarde.

– ¿Extrañaste a tu familia?

– No volveré a casa otra vez.

Después de experimentar la sensación de completa tranquilidad que reina en este lugar, yo, que era una persona atormentada, no me atrevería a volver a la antigua forma de vida.

– ¡Pero todavía eres tan joven!

– Solo en apariencia. Afuera me siento como si tuviera más de cien años.

– ¿Qué viniste a hacer a este lugar?

– No sé. Fue sin querer. Necesitaba volver a casa y no tenía dinero.

La manera era pedir que me llevaran y eso hice. El primero en detenerse fue Emanuel.

Estuvo de acuerdo en llevarme a la carretera donde intentaría encontrar a alguien más que me llevara a Río de Janeiro, donde vivo. Pero cuando llegamos, me preguntó si quería un refrigerio antes de continuar el viaje. Yo acepté. Después del almuerzo, doña María dijo que, si quería, podía quedarme a pasar la noche.

Estaba muy cansado y me pareció genial la sugerencia.

Al día siguiente me desperté sintiéndome un hombre nuevo y solo entonces recordé que llevaba más de doce horas sin beber. Yo era alcohólico.

Me dijeron que podía quedarme todo el tiempo que quisiera. Los días fueron pasando y ahora estoy seguro que nunca volveré a casa, especialmente después de dos intentos fallidos.

– ¿Cómo así?

– Durante la primera semana intenté dos veces volver a casa –. Inmediatamente después de cruzar la puerta, me invadió un gran malestar y si no regresaba inmediatamente, estoy seguro que me volvería loco.

– ¡Qué cosa más extraña! ¿A qué atribuye este hecho?

– No sé...

– Después que estuve aquí, mucha gente llegó y mucha se fue, pero para mí solo hay una salida: cruzar el arroyo encantado e irme a vivir para siempre en esa extraña comunidad.

— ¿Es ahí donde piensas ir esta tarde? Lo siento si parezco entrometida, pero no creo que debas adelantarte.

— No es precipitación. Lo he pensado mucho.

Antes ni siquiera me importaban mucho mis fantasmas y mi dolor.

Ahora, habiéndome acostumbrado a este estado de gracia, donde el trauma y el dolor no existen, estoy seguro que volver a esa antigua vida sería fatal para mí.

— ¿Por qué no te quedas más tiempo aquí en este lugar, hasta que te sientas con fuerzas para volver a casa? Al fin y al cabo, tú mismo dijiste que te invitaron por tiempo indefinido...

— Es que esta tranquilidad y ese bienestar inagotable empiezan a resultar molestos.

No tienes ningún objetivo ni nada que planificar para mañana. Al principio es muy tranquilo, pero ahora me siento como un zombi: ni vivo ni muerto.

Es una sensación desagradable e insatisfactoria, por eso estoy decidido a irme a vivir con esa gente del otro lado de la colina.

Ahí hay un objetivo que es transmitir nuestra experiencia a quien la necesite y espero poder volver a sentir algo, como, por ejemplo, tristeza y arrepentimiento por haber desperdiciado mi antigua vida.

Jair dejó de hablar. Su mirada era pura y limpia como la de un bebé.

No estaba ni aburrido ni cansado, mantenía la apariencia común a todos los presentes: simple alienación.

¿Me estoy volviendo así? Pensé sin ningún sentimiento, más que una franca curiosidad. Decidí extender la conversación.

— Cuéntame cómo terminaste tan lejos de tu casa y sin medios para regresar.

– Estaba caminando con mi tío. Salimos de Río un viernes por la noche, con intención de pescar. Tiene una furgoneta y en ella ponemos una tienda de campaña, algunas provisiones y bebidas.

Durante unos quince días manejamos, acampando en diferentes lugares, siempre cerca de un río. Ese día vimos un puente, donde había muchos pescadores.

No había un lugar adecuado para acampar allí, pero al ver tanta gente pescando, mi tío decidió aparcar cerca, en un atajo, y bajamos a probar suerte.

Como no estaba sobrio, no podía quedarme quieto. Después no sé exactamente qué pasó. Parece que me quedé dormido allí mismo, sentado, y lo siguiente que supe fue que no podía encontrar a mi tío. Fui al atajo y el auto ya no estaba.

Fue entonces cuando apareció la camioneta de Emanuel y le pedí que me llevara. El resto ya lo sabes.

– Muy interesante – pensé en voz alta –. Apareció en el lugar correcto y en el momento exacto, tal como esa bombilla.

– ¿Qué dices? – Me preguntó Jair.

– Nada importante. Dijiste que vagaban sin rumbo, solo para pescar.

– ¿Estuviste de vacaciones?

– No. Mi tío está jubilado y yo estoy desempleado.

– ¡Vaya, qué aburrido! Estás casado, ¿no?

(Me di cuenta del anillo).

– Sí, estoy casado y llevo más de un año sin trabajar, desde que nació mi hijo menor. Esta es una de las razones que me llevó a decidir mudarme al otro lado del cerro.

– ¿Estar desempleado?

– Eso mismo. Escuché que allí no hay desempleo.

Cada individuo hace lo que sabe y el trabajo es por puro placer. Sin salarios.

Escuché que en esa comunidad las personas son realmente iguales y nadie tiene más de lo que necesita, pero todos sí.

– ¿Quién te dijo estas cosas?

– Un chico que suele hablarme cada vez que me acerco al arroyo.

Él vive allí.

– No quiero ser aguafiestas ni echar un jarro de agua fría a tu entusiasmo, pero creo que algo anda mal.

– ¿Por qué?

– Piensa cuidadosamente. Para que todos los que van allí se queden, la comunidad debe ser grande.

Ahora me dices que los miembros del grupo trabajan por mero placer, y son todos iguales, en el exacto sentido de la palabra. En este caso, si nadie gana dinero, ¿de qué se sustenta?

Incluso viviendo modestamente, cada uno tiene que al menos alimentarse.

¿Le preguntaste eso a tu amigo?– Pregunté.

– Respondió que para sostener a la comunidad cuentan con los frutos del trabajo de todos y que esos frutos no necesariamente tienen que ser dinero.

– No entendí esto. Después de todo, el lugar está justo detrás de la colina y no en otro planeta.

– ¿Cómo pueden sobrevivir sin dinero?

– Yo tampoco entendí. Me dijo que cuando me sienta preparado para ir a vivir entre ellos, no tengo que preocuparme por nada, porque la comprensión viene después.

¿Y sabes qué más, Helena? Realmente iré.

– Y cada vez encuentro más misterio en todo lo que veo y oigo. Por favor, prométeme que pensarás mejor tu decisión, después de todo, ¡aun eres muy joven!

Si regresas a tu casa, seguro que tu hijo y su esposa te prestarán fuerza para resistir la bebida y reiniciar tu vida.

– Eso es lo que me gustaría que creyeras.

Tengo dos hijos, el mayor tiene cinco años, pero esto ya no importa.

Nunca pude cuidar de mi familia. Mis padres mantienen mi hogar.

Lo único que puedo decir para justificarme es que me casé muy joven, cuando tenía dieciocho años, porque dejé embarazada a mi mujer, que solo tenía dieciséis.

En ese momento, mi gran sueño era convertirme en un gran periodista. Tuve que interrumpir mis estudios para casarme. No pude conseguir un buen trabajo y me sentí atrapado, aislado de los pequeños placeres que hacen que la juventud valga la pena.

Enojado, comencé a beber como acto de protesta y un día me di cuenta que no podía parar, aunque quisiera. Hoy, mi hijo mayor huye cuando me ve.

Mi esposa ya no se preocupa por mí. Solo tuvimos el último bebé porque llegué a casa tan borracho que tuve el coraje de obligarla. Al día siguiente casi me muero de vergüenza, pero por la tarde llegué aun más borracho. Por eso, estoy completamente convencido que lo mejor para mí, y más aun para mi familia, es que deje definitivamente sus vidas.

Durante unos segundos, ambos nos quedamos allí sentados, muy quietos, cada uno entregado a sus propios pensamientos. Luego le hice una última pregunta:

– Jair, toda esa charla de arroyos encantados, de gente exótica, no me convence.

¿Estás seguro que es verdad?

– Tanto la gente como la corriente son más reales que nosotros dos.

¡Adiós, Helena! Voy a caminar. Quién sabe, tal vez todavía nos veamos.

– Adiós, muchacho. Gracias por la atención.

Tan pronto como él se fue, Nora regresó.

– Hola amiga. ¿Te aburriste de estar sola tanto tiempo?

– No estaba solo. Hablé con una linda señora de pelo corto, pero no le pregunté su nombre. Después llamé a un chico y seguimos hablando hasta ahora.

Su nombre es Jair.

– Sé quién es. Bueno, ¿eso significa que no me extrañaste?

– Eso no es lo que yo dije. Pero entonces, ¿está todo en orden?

– Todo. Doña María quería mostrarme la nota de mi madre, en la que me pedía que volviera a casa. ¡Pobrecita, parece desesperada!

– ¡Eh! ¿Por qué no vino a buscarte en lugar de enviarte una nota?

– Ella no puede venir aquí, ni siquiera sabe dónde está. En la nota dice que me extraña mucho.

– Cuando estoy en casa ella no se cansa de censurarme, ¿entiendes?

– Hmm. Este conflicto generacional no es nada original. Por cierto tengo dos hijas preadolescentes y solo en este momento me doy cuenta de lo lejos que he estado de ellas.

Hoy deberíamos vivir en pie de guerra.

– ¿Y no viven?

– Nada. Hemos estado hablando tan poco durante los últimos tres años que ni siquiera he notado los cambios que ciertamente han estado ocurriendo con ellas.

– Pero eso es realmente genial, Helena. Me gustaría ver a mi madre olvidarse de mí, por un tiempo. Ella no me deja en paz.

– No digas eso. Si supieras lo que me molesta pensar que durante tanto tiempo he estado apegada a una sola de mis hijas, como si las otras dos no existieran.

Fui muy injusta y creo que ésta es una deuda que nunca podré saldar. El tiempo no regresa. Si estuviera en otro lugar ahora mismo, lloraría mucho.

– Sé muy bien lo que quisiste decir.

Aquí donde estamos no hay lugar para el sufrimiento.

Desde la puerta del jardín interior, nunca vi a nadie llorar.

Como para contradecirla, en el mismo momento escuchamos un grito fuerte y sentido. Ella me miró sorprendida y dijo rápidamente:

– Te juro que esta es la primera vez. Ven, veamos qué pasa.

Caminamos hacia los sollozos y poco después Nora dejó de menear la cabeza entre consternación y satisfacción. Consternada porque encontramos a un hombre llorando de gran desesperación.

– Satisfecha porque esto no la contradeciría.

Resulta que este hombre se encontraba afuera de la propiedad.

Lo pudimos ver perfectamente porque no había ningún muro. La puerta era una reja y luego había una valla de alambre liso, donde se envolvían las plantas trepadoras.

Dicho hombre estaba todo acurrucado, un poco a la derecha de la puerta, y su cuerpo temblaba al compás de sus sollozos.

Nos quedamos allí mirando sin saber qué debíamos hacer o decir, hasta el momento en que, al sentir nuestra presencia, levantó la cabeza y nos miró como pidiendo ayuda.

Nora decidió decir:

– No estás nada bien. Entra para que podamos ayudarte. La puerta está abierta, ¿no lo ves?

– Ya veo niña. Y la abrí yo mismo, pensando en volver a casa, pero no puedo. No entiendo lo que pasó. Hoy decidí irme porque pensé que estaba completamente curado.

– Después de todo, desde que llegué a esta casa nunca he sentido dolor de ningún tipo, pero tan pronto como crucé el portón, todo el dolor y ese horrible malestar regresaron, peor que antes. No podré dar un paso más. Por favor ayúdame a volver allí.

Cuando estábamos a punto de salir a auxiliarlo, apareció doña María llamándonos a gritos.

– Helena, Nora, por favor no se vayan, pueden dejarme ayudar al señor André. En una fracción de segundos el hombre estaba dentro del portón y doña María le estaba sirviendo una taza de té. En el mismo momento, el llanto y la desesperación se disolvieron en el aire, como por arte de magia. No sabía qué pensar del incidente ni por qué doña María tenía tantas ganas de ir personalmente a ayudar al hombre.

Le pregunté esto y ella respondió que fue un simple acto reflejo.

Dijo que estaba tan acostumbrada a atender a los invitados que siempre se hacía cargo rápidamente en caso de emergencia.

Este episodio contribuyó mucho a dejarme aun más perpleja por ese lugar y las cosas que allí sucedieron.

Había varias bancas esparcidas por el jardín, e invité a Nora a sentarse conmigo en una de ellas, para poder observar con más calma el cambio en el comportamiento del hombre que acababa de aullar de dolor. Comenzó a caminar lentamente, sonriendo, como si nada hubiera pasado. Caminó hacia nosotros y decidí interrogarlo.

– Señor André, ¿qué tal si viene y se sienta aquí con nosotras? Me gustaría hablar contigo.

– Con mucho gusto, señora mía, quedo a sus órdenes.

– Entonces, ¿te sientes mejor?

– ¿Mejor? Soy nuevo. No puedo creer una cura tan rápida, y la medicina no era más que una taza de té.

– ¿Llevas mucho tiempo aquí?

– Cuatro días.

– ¿Eres amigo de la familia?

– Creo que lo he sido, desde entonces.

– ¿Por qué estás aquí?

– Bueno, esa es una historia un poco larga. ¿Quieres oírla?

– Me gustaría mucho.

– Entonces prepárate. Hace aproximadamente quince días me sometí a una cirugía de próstata.

Todo salió muy bien y ya estaba convaleciente cuando me atacó una infección grave que me hizo desear la muerte. Sentí un dolor ininterrumpido y un malestar incesante que no me daba tregua, pude dormir unos minutos, solo con ayuda de tranquilizantes.

Al no poder resolver la causa de la infección, los médicos recomendaron que me trasladaran a un hospital de mayores recursos. Emanuel fue el enfermero designado para acompañarme a São Paulo, donde iba a ser internado en el Hospital das Clínicas. Como tenía mucho miedo de viajar, por el dolor, me hicieron tomar una buena dosis de sedantes y me quedé dormido nada más al salir del hospital local.

– ¿Dormiste hasta llegar a São Paulo?

– No fuimos a São Paulo.

– ¿No fueron?

– No. Cuando desperté estaba en esta casa. Pregunté por qué y doña María me explicó que había habido un problema con la ambulancia.

– Como estábamos cerca, Emanuel decidió dejarme aquí, mientras arreglaba la reparación del vehículo. Doña María me pidió que no me preocupara.

Después me sirvió una taza de té y pronto me sentí fuerte y saludable.

Sin dolor ni molestias.

A partir de ese día comencé a creer en los milagros. Luego les pedí que me dejaran quedarme hasta el día siguiente.

Temía el regreso del dolor que mágicamente se había evaporado.

Dijeron que podía quedarme todo el tiempo que quisiera.

Me quedé y ni siquiera noté el paso del tiempo. Hoy, creyéndome completamente curado, comuniqué a doña María mi deseo de irme. Ella me explicó que Emanuel no podía acompañarme porque no estaba.

Decidí ir a la carretera e intentar conseguir transporte.

Entonces, cuando pasé el portón, todos los síntomas de esa horrible infección me atacaron nuevamente, el resto lo presenciaste.

– ¿Cómo explicarías lo que pasó?

– No tengo ni idea.

– ¿Y ahora no te vas?

– Hoy no. He tenido suficiente dolor como para que me dure más de un año. Ahora quiero disfrutar de todo este bienestar que llena nuestro hermoso jardín. ¿Me disculpas?

– A voluntad. Gracias por su atención.

Se alejó lentamente y yo me dije: ésta es una "Casa de Salud", en la verdadera concepción de la palabra.

– ¿Cómo así? – Preguntó Nora con curiosidad.

– Hablé con algunas personas y están todos enfermos, pero en perfecto estado de salud, y lo peor es que eso no significa aquí inconsistencia. Por lo que he visto hasta ahora, solo yo en este lugar estoy verdaderamente sana, excluyendo, por supuesto, a los dueños de esta hermosa propiedad.

– Y tú, Nora, ¿cuál es tu dolencia?

– Nada de eso, querida amiga. Por lo que a mí respecta te puedo asegurar que no padezco ningún tipo de enfermedad. Lo que suelo hacer es fumar marihuana y oler cocaína.

– ¿Qué? - Pregunté todo lo que pude para sentirme sorprendido -. ¿Eres adicta?
¡No puedo tomarme en serio esa afirmación, te ves lo más saludable posible!

– Cuando estoy aquí no hago nada de eso, pero volviendo a "hogar dulce hogar", empiezo todo de nuevo, así que mi apariencia no es exactamente la que ves ahora.
Siempre que me saturo alguien me trae aquí y me recupero en segundos.

– Significa que finalmente decidiste confesar. Esta casa es un sanatorio.

– Esto no lo sé y tampoco sé quién suele traerme, porque siempre que vengo estoy en órbita. Solo sé que siempre soy muy bien recibida y pronto vuelvo completamente lúcida, a pesar de no haber recibido nunca ningún medicamento.

Escuché atentamente todo lo que decía Nora y estaba cada vez más intrigada.

No pregunté nada más. En lugar de eso, decidí hacer un balance de la situación, para tratar de entender qué estaba pasando en esa casa. ¿Por qué la casualidad me llevó a conocer a esas personas, cada una con un problema diferente, pero que de alguna manera parecían estar interconectadas? Las cosas que había visto y también lo que había oído eran tan inexplicables que eclipsaban mis propios problemas. Bueno, pensé. Veamos: hasta ahora he hablado con un alcohólico y un drogadicto.

Esto podría indicar que en realidad estoy en un centro de rehabilitación, pero resulta que también hablé con otras dos personas que padecen enfermedades orgánicas.

Por tanto, debo concluir que estoy en un hospital. Vale, dado el tamaño de la propiedad, incluso podrían ser ambas cosas al mismo tiempo.

Pero entonces, ¿por qué no me informaron de esto nada más llegar?

Doña María dijo que su hijo es enfermero y que hay un buen hospital cerca. Entonces el hospital no puede estar donde me encuentro. Sin embargo, después de todo, llego a la conclusión que lo más lógico sería que Emanuel hubiera traído a Sérgio directamente aquí.

¿O no? Las únicas personas que veo merodeando por aquí son invitados.

Nadie que pareciera un médico. Además, ¿para qué un médico, donde no hay enfermos? ¿He venido a unirme a un grupo de bromistas que quieren divertirse a mi costa? Es difícil de creer eso.

¡Tanto doña María como Nora parecen tan sinceras! Aun así, el caso del arroyo encantado solo puede ser una broma.

El vaivén mental se vio interrumpido cuando Nora me devolvió a la realidad.

– ¡Hey! Helena, ¿dónde estás, en el mundo de la luna?

– No sé. Dime, ¿dónde estamos?

– En el inmenso jardín de una hermosa casa pintada toda de azul, plantada en lo alto de una colina, ¿lo dije bien?

– No juegues. ¿Nunca has intentado descubrir qué es realmente este lugar?

– ¿Una casa común y corriente, donde vive una señora con su único hijo e innumerables amigos que se turnan para ir y venir, manteniendo así esta mansión siempre llena de gente?

– Sí, preguntaste y al mismo tiempo respondiste correcta y apropiadamente a tu propia pregunta.

– ¿Qué es esto, Nora? ¿Dónde lo has visto antes? Con el costo de vida actual, ¿cómo pueden manejarlo?¿Emanuel y su madre, alimentan continuamente a toda esta gente? ¡Ah, hay misterio!

– ¿Cómo se supone que voy a saberlo? Tienes mucha curiosidad, Helena. Nunca había pensado en eso.

– De hecho, eres la primera persona que se preocupa por detalles que no tienen nada que ver.

– ¿Y si doña María es millonaria y su principal afición es la filantropía?

– Debido al tamaño de esta propiedad no se descarta esta hipótesis.

– Bien. Que sea. ¿Y las cosas raras que le suelen pasar a la gente no te preocupan?

– ¿Qué por ejemplo?

– Ese hombre que quería volver a casa y terminó causando todos esos problemas.

– Después de regresar, actuó como si nada hubiera pasado. No gritó, no protestó.

¿Esto es normal?

– Pero ¿por qué crees que debería gritar o protestar?

– Porque no podía irse, como lo había planeado, ¡ya está!

– Y no fue falta de voluntad. Tú misma fuiste testigo del sufrimiento del pobre.

– Digamos que a diferencia de mí, él tiene una vida muy feliz ahí fuera.

– Entonces, la causa de todo ese malestar sería la excesiva ansiedad ante la idea de volver a ello. Nadie tuvo la culpa.

- Conclusión simple y lógica. Estaría de acuerdo en número y grado, si no hubiera hablado con ese otro chico, Jair, que intentó irse dos veces y no pudo.

– ¿En serio? Él también me habló de esto el otro día y me pareció que no tenía muchas ganas de volver a casa.

– ¿Le crees?

– Claro. En mi opinión, piensa en irse, pero luego se arrepiente.

– Por eso regresa.

– Siempre tienes una buena explicación para cada evento. Simplemente no puedo entender cómo jóvenes inteligentes como tú se meten en esto de la adicción a las drogas.

– Lo peor es que no tengo una buena explicación para esto. Podemos pensar que no tuve oportunidad u orientación adecuada para poder canalizar mi alto coeficiente intelectual en la dirección correcta y terminé sin saber qué hacer con él.

– Siendo ese el problema, todo podría terminar muy bien para ti.

– A una edad tan temprana, tendrá todo el tiempo que necesite para revertir la situación y sanar.

– Ojalá tuviera tu optimismo, Helena. Pero no es tan simple.

– Estando en este rincón de los sueños veo todo muy claro y razono con la mayor facilidad, pero solo tengo que volver a casa y mi cabeza vuelve a ser invadida por un montón de pensamientos sin sentido, desconectados unos de otros, donde no puedo descifrar nada..

Entonces últimamente vengo mucho y cada vez estoy más horas aquí. Me temo que ya no tengo a mi disposición todo ese tiempo que mencionas.

Hay momentos en los que me siento como un Matusalén.

– Pero no deberías, Nora. ¡Desecha ese desánimo! ¿Alguna vez has buscado ayuda de personas especializadas? ¿Alguna vez has ingresado en una clínica de recuperación de adicciones?

– Claro que sí. Muchas veces ni siquiera puedo contar.

– ¿Y no te produjo ningún resultado? Siempre escucho que hay clínicas estupendas y que si una persona realmente quiere dejar la adicción, la mejor salida es acudir a una de ellas.

– Quizás en el fondo realmente no quiero parar.

– Pero ¿por qué, niña?

Recién me dijiste que cuando estás aquí no necesitas drogas y por eso siempre vienes, ¿y ahora me dices que no quieres parar?

¿Existe o no una discrepancia flagrante en su razonamiento?

– Puede parecerlo, pero no hay ninguna incoherencia.

– Entonces, lo siento, pero no logro entender el significado de tus palabras.

– No es tan difícil de entender. Durante el tiempo que permanezco en este lugar soy una persona feliz, que no necesita drogas para sentirse ligera y relajada, pero irónicamente, para estar aquí, necesito usar drogas. Yo solo no conozco el camino.

– Cuando me mojo mamá me lleva a la clínica y siempre alguien me trae para acá desde allí.

– Esto está mal, Nora. ¿Tu madre sabe que hacen esto?

– Se lo dije, pero mamá no cree en la existencia de este "mini paraíso."

– Cree que es el delirio provocado por las drogas.

– ¿Pero ella no te envió una nota?

– En la clínica están prohibidas las visitas, por eso mi madre suele escribirme.

– Que alguien le traiga las cartas a doña María.

– No entiendo por qué doña María y su hijo se arriesgan tanto a acoger a personas con una salud tan comprometida. Se trata de personas que ni siquiera conocen, a pesar de tratar a todos como si fueran viejos amigos. Además de eso, permiten que la gente se quede todo el tiempo que quieran.
Tú, por ejemplo, te estás poniendo en riesgo cuando vas y vienes de la clínica hasta aquí.
Lo que realmente necesitas es un tratamiento serio y prolongado.

– No estoy segura de lo que necesito, pero si pudiera, me quedaría aquí para siempre.
Es una pena que al cabo de un tiempo una extraña ansiedad me empuje de vuelta a casa.
Por eso dije que tal vez realmente no quiero dejar de usar drogas, porque es a través de ellas puedo llegar a este bendito lugar, donde mi pobre cerebro alcanza la verdadera paz.
Sin esto creo que ya me habría vuelto loca.

– Aun así, y precisamente por eso, en mi opinión, la solución para tu caso sería un tratamiento normal, en una clínica de confianza, donde tengan la capacidad de ayudarte de verdad, sin recurrir a brujerías a base de tés no estándares. ¿Sabes qué? Que parece que tienen un efecto alucinógeno.

– No entendí nada. Explícate mejor.

– Acabo de llegar a la conclusión que aquí se practica la "curación con té."

– Ciertamente este lugar sirve para atraer gente que se unirá a los fanáticos del otro lado de la colina.

Parece que uno de los "proveedores" es la clínica donde sueles alojarte.

Como puedes ver, el cuadro está casi completamente ensamblado. Solo necesito descubrir cuál es el propósito de todo esto.

- ¡Oh Dios! Qué imaginación tan fértil tienes, Helena. ¡Todo lo que necesitas hacer es decir que haré parte de la pandilla!

Aun no lo he decidido.

Miré a Nora y ambas nos reímos, porque a pesar de toda mi curiosidad por lo que pasaba en el lugar, no estaba agitada, ni nerviosa. A lo sumo me sentí intrigada.

– ¿Estiramos las piernas? - Dijo Nora levantándose.

Seguí su gesto y por un rato caminamos sin rumbo, en silencio, simplemente saboreando la casi palpable suavidad de aquel rincón, hasta que mi acompañante decidió retomar la conversación.

– Helena, cuéntame sobre ti. La curiosidad no es solo tu mérito. Yo también soy hija de Dios.

En ese momento escuchamos el tintineo de una campana a lo lejos y Nora me informó que era hora del almuerzo.

– Pero no creas que te me escaparás – dijo -. Entonces quiero escuchar tus recuerdos poco a poco.

– ¡Calma! Está todo muy bien. No soy un prófugo de la justicia y no tengo nada que ver con esconder.

No he hablado de mí hasta ahora porque a nadie le interesaba.

– ¿Y te dejaste? ¡Incluso pareces una detective intentando resolver un crimen!

– A Sherlock solo le falta la lupa, la pipa y el sombrero.

– ¡No tanto, vete! Pero cambiando de tema, ¿dónde vamos a comer? La habitación es grande, pero no tanto como para que podamos acomodarnos a todos a la vez. ¿Nos turnamos?

– Las comidas se sirven al aire libre, justo detrás de la casa. Hay mucho espacio.

Solo el desayuno es en el salón, porque cada uno se levanta a la hora que más le convenga.

Nora me tomó de la mano y me llevó a un lugar increíble, como todo lo que se veía en ese rincón, el lugar para las comidas parecía un ambiente de ensueño.

Pequeñas mesas, cada una con cuatro asientos, estaban distribuidas elegantemente en una gran extensión de terreno llano. En lugar del pequeño jarrón habitual en el centro, había un rosal plantado al lado de cada una de las mesas. Estos rosales estaban en plena floración y tenían rosas de todos los colores: blancas, rojas, amarillas...

El enorme césped que allí servía de suelo parecía una enorme alfombra aterciopelada, tejida con diseños geométricos en todos los tonos de verde. Era impecablemente uniforme y contrastaba maravillosamente con el blanco brillante de los manteles de encaje que cubrían las mesas.

La comida en las mesas estaba empaquetada en cuencos de cristal, lo que permitía que el color de las verduras brillara, embelleciendo aun más la escena.

Ese lado de la propiedad estaba abierto. La vegetación más alta eran los rosales. Aun así, el ambiente no era diferente al que se podía disfrutar en el propio jardín. La ligera brisa no soplaba ni movía ni una sola flor. Por este motivo, no se vieron hojas ni pétalos tirados en el suelo ni sobre las mesas.

No tenía hambre, pero si la hubiera tenido, creo que me habría satisfecho con solo verlo todo.

– Nora – dije preocupada –. No recordamos haber ofrecido ayuda a doña María con la preparación de comidas. Imagino que mucha gente vino a ayudar. De lo contrario, no habría podido cocinar para tanta gente. Y disponer todas estas mesas con tanta perfección ciertamente requirió mucho trabajo.

– Es cierto. Nunca me he preocupado por eso, pero si quieres, venimos a recoger los platos. ¿Dónde nos vamos a sentar?

Miré a nuestro alrededor y elegí una mesa que ya tenía dos ocupantes. Nora me siguió en silencio.

– Buenos días, ¿podemos sentarnos o están reservados los asientos?

Pregunté alegremente a uno de los dos adolescentes que ocupaban la mesa.

– Buenos días, ponte cómoda. Soy Júlia y él es Alexandre. Estamos solos – respondió amablemente la chica, al mismo tiempo que se presentaba a sí misma y al amigo que estaba a su lado.

Parecían tener entre doce y catorce años.

- ¡Qué bueno! – Dije –. Así que les haremos compañía. Soy Helena y ella es Nora.

– Un placer – respondieron a dúo.

Nos sentamos y nos servimos. Por supuesto que me interesaba saber por qué estaban los dos solos allí. Me explicaron que iban de viaje escolar y el autobús que los llevaba, luego de esquivar a un peatón imprudente, posiblemente ebrio, terminó cayendo al río Paraíba.

Fueron salvados por Emanuel, que en ese momento pasaba por allí.

Los había traído esa mañana y estaban esperando que sus padres vinieran a buscarlos en cualquier momento.

Las circunstancias que hacían que la gente llegara a la Casa Azul de la Colina eran siempre similares.

Después de la comida y de una taza de té recién hecho, nos despedimos de los niños.

Nora y yo fuimos a ofrecernos para ayudar a lavar los platos. Doña María estaba sentada en la sala, hablando animadamente con una chica, probablemente una nueva invitada.

Al escuchar nuestra oferta, sonrió y dijo que nuestra preocupación era infundada. Ya estaban lavando los platos. Había máquinas para este servicio.

– ¡Pero hay tantos! - Exclamé.

– Tengo varios lavavajillas, querida. Por favor, no te preocupes por cosas así.
Sal a caminar con tu amiga. Te invité a quedarte a descansar, no a trabajar.

Tan pronto como nos fuimos, Nora exclamó victoriosa:

– ¿No te lo dije, Helena? Evidentemente doña María es una millonaria que utiliza su dinero para ayudar a los necesitados.

Estuve de acuerdo, asintiendo afirmativamente con la cabeza. Nora debe haber notado que yo estaba en una especie de aéreo, porque se quedó en silencio y simplemente deambulamos, sin rumbo, durante mucho tiempo. De repente, sentí un cambio repentino de temperatura.

El aire se volvió cargado, denso. Como ya estaba acostumbrada a la claridad de ese lugar, me sorprendió ver todo nublado, como si en cualquier momento fuera a estallar una tormenta. Nora me explicó que estábamos cerca del arroyo y así era en esa parte de la propiedad. Me tranquilizó asegurándome que no iba a llover y decidió darme confianza.

Empecé a contarle cosas banales de mi infancia, hasta que empecé a salir con Sérgio.

Poco a poco comencé a animarme al recordar la felicidad que había vivido en mi corazón desde la boda y le hablé alegremente de este período, y luego le conté mucho más, de Elisabeth y Valéria.

Sentí que un velo negro envolvía todo mi ser cuando comencé a revelar todas las angustias que vinieron a reemplazar la felicidad, desde el nacimiento de la pequeña Vania, sin olvidar mencionar la falta de respeto y el desprecio de mi marido por nuestra hija menor y su precario estado de salud.

Fue la primera vez, desde que llegué a ese lugar, que sentí tristeza al pensar en mi pequeña hija, salvo la leve mención que me hicieron de aquella señora de cabello corto, también fue la primera vez, desde la tarde del día anterior. Ese día hablé de Vania.

Nora me escuchó atentamente, sin interrumpirme ni una sola vez.

Incluso después que terminé de hablar, ella permaneció en silencio por un largo tiempo, como si estuviera eligiendo las palabras que debía usar. Finalmente decidió preguntar:

– ¿Conoces a tu marido desde hace mucho tiempo?

– Puedo decir que lo conozco desde que nací.

– Éramos vecinos, crecimos juntos, empezamos a salir cuando yo tenía catorce años y nos casamos cinco años después. Llevamos trece años casados.

– Esto significa que lo conoces profundamente.

– Diría que lo conozco muy bien. En el fondo ni yo misma lo sé.

– ¿No?

– No. Hay momentos en los que me sorprendo con actitudes nuevas, que nunca imaginé que podría tener, excepto en el momento en que las asumí.

– Entendí. Esta declaración demuestra que no estás convencida de la validez de tu juicio hacia tu marido.

– Apuesto a que Sérgio no es, ni mucho menos, un hombre frío y calculador, de esas personas vanidosas que anteponen sus ambiciones a los sentimientos de sus semejantes.

– ¡Nunca dije que mi marido fuera así! Por la forma en que hablas, parece que yo dije que me casé con un monstruo. Yo nunca diría esto. ¡No! Al contrario, Sérgio es un hombre sensible y solidario. Y esta es una regla general. Es muy estimado por todos los que lo conocen.

– Entonces, ¿Helena...? ¿Cómo puedes decir que a él no le importa la pequeña Vania?

Ese sería el comportamiento de alguien muy frío. Especialmente cuando se trata de una niña enfermo y, sobre todo, su propia hija. ¿Crees que esto es posible?

– No sabría explicártelo, Nora. Pero la verdad es que nunca llamó a nuestra hija menor.

Yo también me confundo cuando pienso en este tema.

Me viene a la mente la época en la que las dos mayores eran bebés.

A diferencia de mis hermanos, que se sienten intimidados cuando llevan niños recién nacidos, a mi marido siempre le ha gustado tenerlos en su regazo.

Desde que nacieron me ayudó con el baño y hasta con el cambio de pañales.

Sin embargo, en el caso de Vania, su desinterés fue total.

Nunca presencié ninguna muestra de cariño por parte de Sérgio hacia la pequeña, más que un ligero roce de sus dedos por su suave carita, que se parece más a la lástima en lugar del afecto. A veces no podía resistirme y le lanzaba insinuaciones que él respondía diciendo que tenía problemas en el trabajo y que por eso no estaba de humor para bromas.

Sé que no era cierto, a pesar de haberse convertido en un hombre triste e introvertido desde el nacimiento de la pequeña, el cariño con el que siempre trató a las mayores no ha sufrido daño alguno. Si quieres saber, creo que incluso aumentó. Digo esto porque de vez en cuando lo veía con alguna de las chicas en su regazo, con cara de perdido, vagando, Dios sabe dónde. Para mí, Sérgio estaba tan seguro que finalmente tendríamos el sucesor de sus sueños, que cuando vio frustrado ese deseo, sintió una decepción tan grande que no pudo aceptar y amar al nuevo bebé. Solo pensando así puedo entender sus actitudes desde que nació Vania.

– Y a ti, Helena, ¿no te decepcionó saber que el bebé no era un hombrecito?

Me preguntó de repente, una voz suave, pero muy profunda que no podía ser la de Nora.

La miré, frunciendo el ceño inquisitivamente. Levantó la barbilla indicando la dirección en la que debía mirar.

– Estamos a unos pasos del arroyo y quien te habló está ahí, del otro lado - me dijo -. Para verlo debes relajar bien la mente y mirar fijamente ese punto.

Asombrada y curiosa - mi sensibilidad había vuelto rápidamente -, fijé la mirada. Estaba muy tensa y necesité mucha fuerza de voluntad para relajarme.

Minutos después, pude ver la corriente. Las aguas que estaban cerca de las dos orillas brillaban tanto que parecían pura plata fundida, deslumbrando incluso la visión.

En cambio, en el centro, el agua estaba negra como pez. Justo encima de este arroyo, que en ese momento me pareció verdaderamente mágico, se levantó una espesa capa de niebla, a través de la cual solo pude distinguir una figura parada en la orilla opuesta a donde yo estaba. Todavía un poco asustada, decidí responder.

– ¿Quién te dio el derecho de escuchar conversaciones ajenas, y encima tener la osadía de interferir en el asunto, así sin más? - Pregunté emocionada.

– Nadie - respondió tranquilamente mi interlocutor -, lo oí porque estabas hablando en voz alta e intervine con la intención de ayudar.

Más que sus palabras, el tono dulce y paternal de su voz inmediatamente me desarmó.

– Sé que no estoy siendo amable, pero debes entender que me sobresalté al escuchar tu voz tan de repente. Más aun por esta niebla que no me deja ver con claridad.
Solo veo tu figura. Sé que eres un hombre por el timbre de tu voz.
Por el tono paternal, imagino que no eres un niño, ¿verdad?

– Tal vez. Esto no importa en absoluto. Quién y qué soy puede dejarse a tu imaginación. Lo que importa es que respondas la pregunta que te hice.

– Entonces, ¿podrías repetir exactamente lo que me preguntaste?

– Me gustaría saber si a ti también te decepcionó saber que no habías dado a luz a un niño. Contesta honestamente.

– Fui dejada. Me decepcionó no haber tenido un niño, pero no que tuviera una niña.
Ya tenía dos hijas, creo que mi deseo de tener un hijo era perfectamente normal y saludable, pero esto no opacó la felicidad de ver llegar a mi pequeña.
Nunca la amé menos y no la amaría más si fuera un niño.

– ¿Y cómo puedes decir con tanta convicción que con tu marido fue diferente?

– Lo peor es que así fue. Ya que escuchaste todo lo que le conté a mi amiga, habrás notado el grado de desinterés mostrado por Sérgio hacia Vania.

– ¿Realmente sería desinterés? – Me preguntó el personaje insistente.

Según tus propias palabras, tras el nacimiento de tu hija menor, tu marido se convirtió en un hombre triste. ¿No cree que debería haber una razón de peso para este cambio? El simple desinterés no genera tristeza.

– Yo también lo creo, señor. Y ya he dado mi opinión sobre este asunto.

Tal tristeza vino de la decepción de saber que ya no tendría la oportunidad de ser padre de un niño que sería su propia continuación. ¿Qué otra razón podría haber? - Respondí secamente, sintiendo que la irritación inicial reavivaba ante el compromiso del hombre de defender a Sérgio.

– Cálmate, Helena. No hay necesidad de estar nerviosa. No tengo ninguna intención de discutir contigo.

Simplemente creo que no está de más intentar ver las cosas desde otro ángulo.

¡Tú, por ejemplo, actuaste de otra manera cuando trataste con tu tercera hija!

Siempre te oí decir que querías sobreprotegerla, incluso antes de enterarte de la enfermedad.

Y no fue solo Sérgio quien cambió. Cuando hablabas del pasado, podía ver a una joven feliz y relajada, mientras que cuando hablabas de cosas actuales, podía sentir que te habías convertido en una mujer amargada, aunque no te dieras cuenta.

- Entiendo que usted, como hombre, quiera ponerse del lado de mi marido, pero no es eso. Acusarme no liberará tan fácilmente a Sérgio.

Perdón por mi falta de tacto, pero debo decirte que tu forma de hablar me parece bastante atrevida.

Sigue interrogándome sin razón ni motivo, con el agravante que ni siquiera nos habíamos presentado.

– Está bien si no quieres hablar conmigo. No insistiré más, pero sé que comprenderías mucho mejor las cosas si decidieras librarte de esa irritación que te provocaron mis palabras y aceptaras reformular tu opinión tan radical sobre Sérgio en el caso de Vania.

– Después de tanto bla, bla, bla, ¿ahora puedes al menos explicarme el motivo de tu vibrante interés en aclarar a mi marido? No creo que se conozcan.

– Sérgio no está presente y ni siquiera estamos en el tribunal, entonces, que yo sepa, no necesita ningún abogado.

– Incluso fuera de un tribunal, cualquiera que esté siendo acusado injustamente necesita que alguien lo defienda. De hecho, en un Tribunal de justicia, incluso el criminal más bajo tiene derecho a la defensa, ¿sabes?

– ¡Pero mi marido no es un criminal! Y no estoy tratando de condenarlo.

Justo le estaba contando a Nora mi tristeza por su indiferencia hacia su hija, y también lamenté el cambio en su forma de ser desde el nacimiento de Vania.

¡No puedo evitar culparlo por no darse cuenta que había un problema con la salud de la pequeña! Pero esto de ninguna manera significa que creo que deba recibir algún castigo o sanción. Simplemente no puedo afrontarlo como antes.

– ¿Y crees que esto no es un castigo? Enfrenta el hecho que tú también has cambiado en estos tres años, Helena. Y no fue para mejor.

– ¿Querías que yo irradiara felicidad al tener que ver sufrir a otra persona, mi hijita? Pero no soy insensible. Soy humana.

– Estoy de acuerdo en que desde hace un año estás pasando por malos momentos, pero ¿y antes?

Porque, incluso antes que se manifestara la enfermedad, ya caminabas sobre brasas, ¿no?

– Es verdad. Si se me permites hacer una observación, debo decir que estás dotado de una audición fabulosamente desarrollada, además de tener un extraordinario sentido de deducción.

Pareces conocer profundamente los detalles de un tema que había estado discutiendo en el camino, lejos de aquí. Como estás tan interesado te cuento por qué vivía en llamas. Soy mujer y más que eso, soy madre.

Espero que hayas oído hablar de la intuición femenina y entiendas que las madres en general son excelentes observadoras. Todos los detalles relativos a la salud física o mental de los niños están sujetos a un profundo análisis por parte de la mayoría de las madres, que infestan este vasto mundo de Dios. Especialmente cuando se trata de bebés indefensos.

– No sé por qué hay tanta ironía.

– Porque espero que después de esta hermosa disertación hayan comprendido que aun sin saberlo sentí que algo andaba mal con mi pequeña hija. Y para aumentar mi tristeza, pude contar con la indiferencia de Sérgio, quien, a cada comentario que hacía sobre el fracaso de la niña en su desarrollo, respondía con dureza, tratando de cerrar el asunto muy rápidamente.

¿Entiendes todo ahora?

– Todavía no. Puedes explicar fácilmente sus acciones de forma subjetiva.

En el caso de tu marido, intenta ser lo más objetiva posible, presentando detalladamente una serie de situaciones que podríamos denominar pruebas del delito.

– ¿Por qué, cuando se trata de él, te niegas a hacer conjeturas, intentando al menos suponer cuál fue una buena razón la que le llevó a actuar de esa manera? - Me preguntó el hombre, negándose a darse por vencido.

– ¡Mire, señor! - Le dije, ya en el límite de mi paciencia -, no le voy a dar más preguntas y ni siquiera tendría motivos para hacerlo. Y ahora eres tú quien responderá. ¿Cuál es tu interés en esta historia y por qué intentas por todos los medios exonerar a mi marido?

– Sencillo, Helena. Cuando vivía allí, más allá de las puertas de la casa de la colina, desempeñaba funciones de fiscal. De esta manera, en el cumplimiento de mi deber, utilicé todas mis dotes de persuasión para obtener la condena de los imputados entregados a mi servicio. Ha habido casos en los que antes del juicio, el abogado defensor vino a verme con la intención de convencerme de la inocencia de su cliente.

Sin tener pruebas contundentes, el defensor solo me trajo teorías que siempre rechacé, sin siquiera pensar en el asunto. Después de mudarme aquí, liberándome de la vanidad profesional, tuve mucho tiempo para reflexionar sobre algunos de estos casos y llegué a la triste conclusión que mi intolerancia y autosuficiencia condenaron a personas inocentes a muchos años de prisión. Esto significa que mi sed ciega y radical de justicia victimizó injustamente a muchas personas desafortunadas, quienes la lógica me aseguraba que eran culpables.

- Lo siento mucho. Pero no sé qué tiene que ver esto con Sérgio.

– Tiene todo. Después de descubrir cómo cualquier ser humano puede fallar en un juicio, incluso con las mejores intenciones, decidí usar mi talento y habilidad a la inversa, buscando exonerar a las víctimas de los malentendidos humanos.

Hablando de eso, ¿qué tal si simulamos un juicio solo nosotros dos? Tú eres la acusación y yo soy la defensa.

– ¿Dónde vives ahora, tienes un juzgado donde puedas realizar tus actividades?

– No. Aquí solo viven personas que ya han sido absueltas.

– ¿Debo entender que quieres jugar? Entonces vamos allá. ¿Qué pruebas puede presentarme la defensa?

– Prueba número uno: tristeza continua por parte del imputado, desde el nacimiento de la presunta víctima.

– Rechazada - respondí prontamente -. Ya he dado mi opinión sobre este asunto.

– Vayamos entonces a la prueba número dos: camisas y pantalones nuevos, comprados periódicamente por el acusado, a partir de algunos meses después del nacimiento de Vania.

– ¡Oye, señor abogado! – Exclamé sospechosamente -. ¿Cómo se enteró de este detalle?

A pesar de ser uno de los motivos de mi enojo, estoy seguro que nunca le he mencionado este hecho a nadie.

– No importa cómo. Es obligación de la defensa estar al tanto de todo lo relacionado con el caso. De lo contrario, sería un incompetente, señora fiscal.

– Así es. Esta evidencia suya solo refuerza mi certeza de la culpabilidad del acusado.

– ¿Quieres explicarme?

– Claro. ¿Cómo es que un cabeza de familia, viendo claramente el desencanto de una esposa cada vez más sufrida, tiene la capacidad de preocuparse por frivolidades, como renovar periódicamente su guardarropa?

– Antes de rechazar esta evidencia, ¿puedes decirme si notaste el número ficticio en la ropa nueva?

– ¡Yo no! ¿Crees que, con la cabeza acelerada, siempre concentrada en Vania, con la esperanza de ver aparecer un color saludable en su carita o sentir algunos kilos de más en su delgado cuerpo, tendría tiempo para preocuparme por estas cosas?

– Mmmm, no lo creo. O mejor dicho, estoy seguro que no. Porque ni siquiera notaste que el color iba desapareciendo gradualmente del rostro de Sérgio y que el número disminuía con cada lote de ropa que compraba.

Al escuchar estas últimas palabras, no supe qué responder y una inmensa curiosidad por ver claramente el rostro de mi interlocutor. No pensé que fuera posible que fuera un extraño.

¿Cómo podía saber tanto sobre mi vida? Necesitaba verlo e identificarlo. Para ello fijé mi mirada lo más que pude hacia la figura, pero no pude distinguir nada más que una figura etérea en medio de esa niebla.

"Es el efecto del té" - pensé, sacudiendo la cabeza con la intención de aclararla.

En ese momento, mi atención fue desviada por un sonido extraño, similar a un aullido ahogado.

Solo entonces recordé la presencia de Nora. La miré y le pregunté si escuchó el ruido extraño.

– Desde que llegamos - respondió mi amiga. No te diste cuenta porque te distrajiste hablando.

– ¿Qué es?

– Mira un poco más delante de nosotros, justo en mi dirección, hay un hombre completamente desnudo. Está temblando de frío y gimiendo.

– ¿Por qué tendría frío? A pesar de la niebla, no sentí ningún cambio en la suave temperatura de este lugar.

– Ni yo. Pero si nos acercamos unos centímetros a la orilla del arroyo, es probable que sintamos tanto frío como él. Dicen que esto incita a la persona a entrar al agua inmediatamente, cuando va a cruzar al otro lado.

– Pero doña María me dijo que solo en medio del arroyo el agua está muy fría.

– Esto es agua. Pero donde está ese hombre, el viento le congela hasta los huesos. Doña María se olvidó de contarte esto.

– Es demasiado. En este mundo hay locos para todo. ¿Aun sabiendo estas cosas, hay gente que se somete y para qué? Irse a vivir a un lugar desconocido entre gente inusual que puede llegar a ser incluso peligrosa.

– No creo que lo sean. Y luego, por otro lado, dicen que esta sensación de frío, que ataca dos veces a las personas que pasan al otro lado del arroyo, será el último sufrimiento que afrontarán en sus vidas. Después de eso, serán inmunes a cualquier tipo de dolor.

– ¡Yo no lo creo! Esto solo puede ser una broma. Pero en cualquier caso, si ese hombre cree en todas estas tonterías que dice la gente sobre la vida en ese lugar y está decidido a ir a comprobarlo, ¿por qué no se mete de una vez al agua para quitarse el frío que le duele así?

– No sé. Mira como se encoge y no se mueve. Me muero de dolor.

Me gustaría ayudarlo, pero no puedo dar un paso más. Me siento como si estuviera clavada al suelo.

– Inténtalo - me pidió Nora.

Y lo intenté con todas mis fuerzas varias veces, pero no pude.

Pude caminar de lado y hacia atrás, pero no había manera de avanzar. Me sentí clavada en el suelo, igual que Nora.

– Es inútil, Helena. Nadie puede ayudarlo excepto él mismo - dijo el entrometido que recientemente se había dedicado a defender a mi marido con total confianza.

– ¿Tú otra vez? - Pregunté indignado -. Por lo que veo tu pasatiempo favorito es inmiscuirse en los asuntos de otras personas. También me parece que eres un sabelotodo. Entonces ¿por qué no le dices al pobre qué hacer?

– No es preciso. Sabe muy bien que antes de entrar al agua debe deshacerse de todas sus pertenencias y tirarlas al arroyo.

– ¡Pero él ya hizo esto! El infortunado está completamente desnudo y descalzo, tiritando de frío. ¿Sabes por qué no puedo acercarme para ayudarlo? - Pregunté tratando de mantener la calma.

– No puedes. Debes entender que para todo en este mundo hay un límite. Ahora, por ejemplo, estás exactamente en el límite entre tu lado y el mío. Cualquiera que pertenezca al bando en el que estás tú no podrá avanzar más, bajo ningún concepto.

– ¿Y este pobre hombre que tengo enfrente, de qué lado está?

– Él pertenece a mi lado, porque así ya lo ha decidido.

– Debe haber algo que esté obstaculizando su cruce. Por ahora puedes decir que está colgado entre mi lado y el tuyo, al que pertenecía hasta hace unos minutos.

– ¿Podrá volver a mi lado? - Pregunté ansiosamente.

– Si quisiera, podría. Pero sé que no quiere. Quien llega hasta donde está es porque está decidido a afrontar el viaje y alcanzar para siempre el bienestar infinito, que solo se puede alcanzar aquí donde estoy.

– En cualquier caso, es inhumano presenciar semejante agonía con los brazos cruzados.

– Si yo no puedo ayudarlo, tal vez tú puedas. ¿O no?

– No. Su problema se solucionará cuando se deshaga de algo que lo mantiene atrapado en esta franja helada que podemos llamar plataforma de embarque.

No podía apartar la mirada de esa figura patética, delgada y temblorosa.

El pobre parecía un personaje de película de suspenso. Nunca he podido permanecer indiferente, sea cual sea la situación y por eso decidí dirigirme directamente al pobre:

– Joven, si eso es lo que quieres, ¿por qué no te metes en esta corriente de una vez por todas?

– Eso es todo lo que quiero en este mundo, mi señora, pero no lo consigo.

No tengo el valor de tirar mi anillo de graduación al arroyo.

¡Luché tan duro para conseguirlo!

¿Ves lo pequeño y frágil que soy? Sin mi anillo, nadie se preocupará por mí.

– ¿En este momento te sientes importante? - Preguntó la figura al otro lado del arroyo.

– ¡Claro que no! Estoy casi congelado y no sé qué hacer. Me siento como un idiota, así es - respondió el hombrecito.

– Llevas tu anillo y de todos modos no te sientes un gran hombre.

– Y tú sí sabes qué hacer. Estoy de acuerdo en que estás actuando como un idiota.

– Vengas de donde vengas, este anillo es inútil. Aquí no tenemos una escala social. Vamos, créeme. Tira este objeto al agua y ven, te estamos esperando.

– ¿De verdad quieres que sea parte de tu comunidad? ¿Estarán felices que vaya a vivir contigo?

– Si, querido amigo. Queremos que vengas a quedarte con nosotros. Estaremos encantados de disfrutar de tu compañía.

Al oír estas palabras, el hombre se arrancó el anillo del dedo y lo arrojó al arroyo, entrando en este entonces.

Yo miré y todo sucedió como me había explicado doña María.

Pero todo pasó tan rápido, que apenas tuve tiempo de sentir pena cuando en medio del viaje el pobre empezó a retorcerse y temblar de nuevo. En un instante pareció sufrir un ligero desmayo y cuando emergió cerca de la otra orilla, caminaba con tal paso firme y decidido que a pesar del tamaño, era visto como un gigante. Lo miré satisfecho hasta que salió del arroyo y se adentró en la niebla. Luego se convirtió en una figura como la que lo convenció de tirar el anillo al agua.

Esta vez fui yo quien decidió hablar con el entrometido.

– Esto no está bien. El chantaje sentimental no es algo que se pueda hacer.

– No sé de qué estás hablando, Helena.

– Sí sabes. Al darte cuenta de lo necesitado que está ese hombre, el hombre utilizaste los halagos para convencerlo de deshacerse del anillo y pasar a tu lado.

– Esto no es cierto. Vino porque quiso. Nadie está convencido de hacer algo que realmente no quiere hacer. Y además no halagué a nadie.

– Lo que dije es pura verdad. Siempre estamos felices de dar la bienvenida a nuevos fanáticos.

– ¿Podrías decirme el motivo de esta felicidad? De todos modos, esta comunidad tuya es bastante original. Me dijeron que encarcelas a todos los que vienen allí.

– Sé que eso no es lo que te dijeron. Estás intentando provocarme.

Pero no lo lograrás. Al contrario de lo que piensas, aquí todos disfrutan de total libertad.

Pero ¿no vamos a continuar con el juicio? Ese nuevo miembro de mi grupo nos interrumpió y ahora nos estamos saliendo del tema.

– Es verdad. ¿Podría la fiscalía pedir un breve receso?

– Necesito pensar en la prueba número dos.

– Por mi todo bien. Hoy mi tiempo es tuyo.

– Gracias. Perdón por mi mala educación e impaciencia. ¡Desde ayer estaba tan tranquila!

No sé por qué, de repente, me encuentro nuevamente ansiosa y agresiva.

Creo que es la influencia de esta niebla.

Disculpa, voy a caminar un rato y cuando me sienta mejor volveré.

Nora continuó pacientemente a mi lado. Le agradecí por eso y la invité a volver conmigo al jardín. No sé cómo ni cuándo, solo sé que tan repentinamente como llegó, en el camino de regreso, toda mi angustia se fue.

– Helena - dijo Nora, en cuanto vimos el jardín –. Por favor no me consideres indiscreta, pero quería dar mi opinión sobre tu obsesión por acusar a tu marido.

– No es fijación, Nora. Fue una condena que, por cierto, actualmente está vigente y seriamente sacudido.

– ¡Ah, sí! ¡Qué bien! Ya sentía lástima por Sérgio. Sinceramente, creo que estás siendo muy injusta con él.

– ¿Tú también? Aun no he llegado a ninguna conclusión, pero que el "Sr. Sombra" destacó un detalle que necesita ser estudiado. Hablando de eso, ese lugar cerca del arroyo no parece parte de este mundo. Está un poco oscuro y si no hubiera dejado el juicio sin terminar, nada me llevaría allí otra vez. Principalmente porque no me hace ninguna ilusión ver otra escena similar a esa con el hombrecito indeciso. Fue deprimente.

– Eso fue un accidente. He visto innumerables cruces y todo es muy sencillo.

Si no miramos con atención, ni siquiera notaremos ese breve momento de agonía en el centro del arroyo.

– Menos mal. ¿Notaste que cambiamos la dirección del tema? Tú y tu opinión sobre mis convicciones.

– ¡Eso mismo! Sin ánimo de ofenderte, creo que tu insistencia en culpar a Sérgio proviene de tu propio complejo de culpa.

– ¿Yo? ¿Culpable de qué? ¡Viví los últimos tres años exclusivamente para mi hija!

– Precisamente por sentirte culpable, decidiste relegar al resto de tu familia a un segundo plano y dedicarte por completo a ella.

– Pero ¿por qué me sentiría culpable?

– Porque, al igual que Sérgio, querías un hijo y te frustraste cuando supiste que había nacido otra niña.

– Esto me oíste explicarle al señor Sombra. También dije que considero normal mi actitud. No tengo complejo de culpa.

– Sí, así es, Helena. Y solo te librarás de él cuando afrontes el problema de frente.

– Eres lo suficientemente inteligente como para intentar enmascarar tu culpa delante de ti misma.

Pero tu subconsciente te acusa y como madre no soportas esta acusación.

Para deshacerte de ella, la transfieres a Sérgio.

– ¿De verdad soy tan malo?

– ¡Por supuesto que no! Si fueras una mala persona, habrías podido dejarte llevar y no sentirte culpable. La gente mala no sufre, hace sufrir a los demás.

– Nora, ¿has notado que no me irritan tus comentarios?

– Cuando vinieron de ese hombre del otro lado de la colina, casi no pude controlarme, estaba tan enojada.

– Es el aire de ese lugar, Helena. No es como aquí, tan sereno y agradable.

– Pero dicen que donde está es infinitamente mejor que aquí.

– Solo donde estábamos, cerca de la orilla, de nuestro lado, sentimos esa impresión del crepúsculo de un día de otoño.

– ¿Sabes que eres la persona más sensible que he conocido en toda mi vida, Nora?

Nadie expresa las emociones tan bien como tú.

– El ambiente en este jardín y en gran parte de este lugar nos infunde una serenidad más allá de toda comprensión.

– Sin embargo, en esa parte donde nos detuvimos hace un momento, me sentí como si estuviera en un gris y triste, y me invadió una ansiedad aun mayor que la que me acompañaba desde que di a luz a Vania.

– Eso te digo, Helena. Pero es solo el espacio lo que separa estos dos mundos, si podemos decirlo. Porque como ya te dije, después del arroyo encantado, hay un mundo nuevo, donde ningún sentimiento negativo puede germinar. Eso es lo que me dijeron y siento que es verdad.

– Estamos en el planeta Tierra, ¿recuerdas? Todo lo que vemos y sentimos debe ser efecto del té. No hay otra explicación lógica. Juro que voy a descubrir qué conexión tiene esta casa con la gente del otro lado de ese arroyo. Desenmascararé esta extraña organización.

– Realmente eres testaruda, ¿eh, Helena? Pero no importa, estoy un poco cansada.

– ¿Qué tal una taza de té tonificante y luego una ligera siesta para recuperar energías?

– Por la tarde la mesa está a nuestra disposición y la sala también está siempre esperándonos.
¿Notas cuán pocas personas caminan por el jardín? La mayoría ya tomó un refrigerio y se fue a descansar.

– No es una mala idea. Entonces ¿volverás a ese lugar conmigo? Odio las conversaciones inconclusas.
Necesito convencer al señor Sombra, o tal vez, quién sabe, dejarme convencer por él.

– De acuerdo. Descansemos un poco y luego te acompaño hasta allí.

Así se hizo. Recostada en mi cama, observé a Nora, que roncaba como un bebé. Nadie en su sano juicio podría haber pensado que esa hermosa chica podría ser una drogadicta.

Y hablando de drogas, debo explicar que sospechaba profundamente que había algo extraño en el té que se servía en esa casa, había decidido no beberlo más. Vi con qué facilidad mi compañera se dormía y esto reforzó aun más mi decisión. Permanecí en esa habitación por algún tiempo, hasta el momento en que la quietud comenzó a molestarme. Entonces decidí dejar a

Nora, que dormía el sueño de los justos, y me fui a caminar por la casa.

Salí silenciosamente y me dirigía hacia la sala cuando un detalle me hizo fruncir el ceño, intrigada. Doña María, en ningún momento había mostrado cansancio. Ahora mismo, por ejemplo, estaba hablando animadamente con alguien en el pasillo, un poco delante de mí. No es posible que ella sola pueda mantener esta mansión así, impecablemente limpia y ordenada y, además, cocinar para tanta gente. Debe haber empleados.

– Voy a buscar por ahí hasta saber dónde están - me dije.

Creo que les prohíbe mostrarse a los invitados, para que no nos cuenten lo que pasa en este lugar.

Subrepticiamente pasé junto a doña María y le hice un leve movimiento de cabeza. Ella me sonrió suavemente.

Después de entrar por todas las puertas que encontré abiertas, encontré que si había sirvientes como me imaginaba, estaban muy bien escondidos. Además del perfecto orden y limpieza de aquella mansión, nada más revelaba la presencia de empleados en el lugar.

No vi a nadie realizando ninguna tarea, ni escuché murmullos o ruidos que indicaran que había gente trabajando detrás de las puertas que encontré cerradas. Entrando de un lugar y saliendo de otro, terminé llegando al punto de partida y allí estaba doña María, hablando y gesticulando ahora con otra persona.

Cuando me vio, vino a mi encuentro.

– ¿Hay algún problema, Helena? Me parece que no querías descansar, como la mayoría de mis invitados. ¿Por qué no vas a la sala y tomas una taza de té?

Es bueno relajarse.

– No gracias, doña María, ¿quién te ayuda con las tareas del hogar?

Caminé y vi que ¡todo estaba muy ordenado!

— Ahora Helena, ¿no te he pedido que no te preocupes por esto? Te quedaste aquí para descansar.

Vamos, cuéntame de tu paseo después del almuerzo.

— Vale, quiero decir, casi todo. Nos acercamos a ese arroyo.

— ¿Ah, sí? ¿Entonces qué pasó?

— Estaba hablando con Nora y alguien del otro lado intervino en la conversación. Lo apodé señor Sombra porque la niebla no me dejaba verlo con claridad.

— La niebla es una de las características de ese lado. ¿Disfrutaste hablar con este Sr. Sombra?

— No mucho. Pasó todo el tiempo tratando de demostrarme que había actuado injustamente con mi marido. Dice que solía ser fiscal y, por eso, ahora cree que debería ser un defensor universal. Hubo algo más que me molestó.

Alguien quiso ir a vivir a ese lugar y sufrió mucho antes de poder entrar en el arroyo; todo porque quería poder quedarse con un anillo de graduación.

¿Crees que esto es justo?

— ¿Quiénes somos para juzgar con certeza qué es justo o injusto, Helena?

Tienen sus reglas y todos las conocemos. Si uno de nosotros decide ir allí, tiene que cumplir estas reglas, que al fin y al cabo se pueden resumir en solo dos: deshacernos de todo lo que nos une a este lado y cruzar el arroyo que purifica.

Si este anillo fuera tan importante para esa persona, debería permanecer de nuestro lado, donde todo está permitido, ¿no crees?

— Pero ¿qué diferencia puede hacer un simple anillo de graduación?

– Quizás sea el simbolismo y no el anillo en sí. Dicen que en esa comunidad todos los miembros son iguales, en la expresión exacta de la palabra. Para que esto sea cierto, allí nadie puede ser vanidoso, porque el vanidoso quiere destacarse del resto.

Si permiten que alguien vaya allí llevando cualquier cosa que parezca vanidad, la armonía de la comunidad se romperá por completo. ¿Entendiste?

– Si ese es el caso, el señor Sombra no debería vivir allí.

– ¿Por qué?

– Porque es vanidoso. El hecho que quiera convencer a alguien de algo indica que cree que tiene mucho conocimiento. ¿No es esto vanidad?

Doña María no tuvo tiempo de dar su opinión porque en ese momento, Nora se acercó a nosotros. Noté algo nuevo en ella.

No estoy segura de qué, pero se veía diferente de lo habitual.

– Creo que es hora que me vaya. Un día entero en este paraíso me basta, aunque sé que querré volver pronto.
Estas tonterías están empezando a impacientarme, dijo.

– No es eso, Nora - dije entonces -. Necesito volver abajo y prometiste hacerme compañía. Además, Emanuel aun no ha vuelto y sin ti me sentiré sola.

– Por favor, amiga, quédate unas horas más. Ya sé. Espera a que llegue Emanuel con Sérgio y luego te llevaremos a casa, ¿de acuerdo? Mira, ya ha empezado a oscurecer y no tardarán, ¿verdad doña María?

– Sí. Deben estar en camino. Si hubiera sucedido algo imprevisto, habríamos estado prevenidos. Esto quiere decir que llegarán en cualquier momento, porque así estaba escrito en la nota que me envió - respondió doña María.

– Entonces, Nora, ¿te quedarás un poco más?

– Está bien, Helena. ¡Lo que no haces por un buen amigo! Pero debo advertirles que estoy de pésimo humor. No sé si podré ser una buena compañía.

– Ya me dijiste que te impacientas cuando decides volver a casa. Es como si salieras de un estado de gracia, ¿no? Pero no duele. Sé que seríamos buenas amigas, incluso si nos hubiéramos conocido fuera de aquí, donde ambos estaríamos actuando como simples mortales, sintiendo ira, envidia, tristeza, dolor e incluso alegría.

– Por lo tanto, a pesar de no sentirme todavía completamente en control de mis sentidos, puedo soportar muy bien la compañía de una persona común y corriente como tú.

– Pero no me contamines, ¿vale?

Mi intención era ser divertida, pero no logré mi objetivo.

Nora me dedicó una forzada sonrisa forzada. Lo entendí. La hermosa niña estaba regresando lentamente a su propio mundo, lo cual no era nada divertido, a pesar que aun no había abandonado la Casa Azul en la Colina. Pensé que estaba siendo egoísta al pedirle que se quedara.

– Está bien, Nora. No estás nada bien. Entonces ve a casa. Quién sabe, tal vez encuentre a alguien que me acompañe. Si no, iré sola. El señor Sombra y yo nos entenderemos, seguro.

– Puedes dejarlo, Helena. Yo quiero ir contigo. Tengo curiosidad por saber cómo será el juicio. Vamos.

Durante todo el trayecto, Nora permaneció en silencio. Yo, en solidaridad con su estado de espíritu, acepté y mantuve silencio.

Cuando estaba a punto de preguntar si aun estábamos lejos, escuché la voz del señor Sombra.

– Hola Helena, me alegro que hayas vuelto. Ya estaba pensando que no vendrías.

– No suelo huir de mis compromisos, señor. Pero parece que no les eres muy fiel.

– ¿Por qué me dices eso? Te prometí que te esperaría y aquí estoy.

– No es de eso de lo que estoy hablando. Me refiero a compromisos mucho más serios que un simple juicio simulado, sin juez ni acusado, y sin jurados.

- No entiendo nada.

– Me explico. Me dijeron que para ser parte de esta comunidad a la que perteneces, una persona tiene que renunciar a todo lo que pueda vincularla con el pasado, incluido y sobre todo un sentimiento muy común entre nosotros que llamamos vanidad. Eres un fraude porque no renunciaste a ello y sin embargo te instalaste en la comunidad que lo repudia. ¿Cómo lo conseguiste?

– ¿Existen también allí los llamados pistolones?

– ¿Qué te hace pensar que soy vanidoso?

– ¿Este juicio no fue idea tuya? Esto significa que pretendes demostrarme que estoy equivocada y con esta maniobra me demuestras tu superioridad a la hora de evaluar a las personas. Solo los vanidosos se esfuerzan por mostrar sus habilidades.

– No soy vanidoso y podría explicarte la diferencia entre vanidad y compromiso con el mundo. Pero si crees que quiero promocionarme, creo que será mejor que terminemos esta entrevista aquí. Te fallé. Adiós, fue un placer conocerte.

– Tranquilo, señor Sombra. No podrás deshacerte de mí tan fácilmente. Insisto en escuchar tu explicación, más aun, porque fuiste tú quien me hizo volver aquí.

– Regresaré pronto a mi casa y no pienso salir con bichitos en la cabeza.

– Necesito entender lo que sucede en esta colina y conocer el verdadero propósito de la comunidad que vive allí en este valle brumoso.

– Está bien, Helena. Intentaré hacerte pensar mejor sobre esta concepción de vanidad o exhibicionismo. Si hay tiempo, seguiremos hablando de si tu marido es culpable o no en relación con la salud de Vania.

– Todavía no tengo una definición sobre este asunto, pero se puede resolver incluso después que me vaya a casa. En cuanto a mis dudas sobre estos dos lugares que me parecen interconectados, debo resolverlas ya. Entonces puedes empezar a hablar, ya hemos perdido mucho tiempo.

– ¿Significa esto que el problema más doloroso al que te has enfrentado alguna vez pasará a un segundo plano?

– Esta es una de las maravillas de esta colina. No puedo calmarme o desesperarme por la situación de mi hija desde que llegué aquí. Parece que estoy anestesiada contra las tragedias existenciales. Esto abre mi mente y me hace comprender mejor el resto del mundo que me rodea.

Sospecho que esto tiene algo que ver con el té que nos sirve la dueña de esta casa.

No lo beberé más. Noto que mi sensibilidad empieza a querer funcionar de nuevo, sobre todo cuando estoy aquí. Ya me siento irritable y tengo que controlarme para que la ansiedad no se apodere de mí.

Me gustaría escuchar pronto tus explicaciones porque no sé cuánto tiempo podré quedarme en este lugar, independientemente del regreso de Emanuel con mi esposo.

– Pues bien. A ver si logro hacerme entender. Cuando alguien decide cruzar el arroyo para vivir de este lado, renuncia a todo lo que pueda vincularlo al mundo llamado civilizado, esto es irreversible.

Ahora bien, para cada regla hay una excepción y todos nosotros, allí y aquí, poseemos un tesoro del que no podríamos ni querer desprendernos: la experiencia y el conocimiento adquiridos a lo largo de los años vividos más allá de las puertas de la Casa Azul de la Colina. Esto es solo eso, viene con nosotros a esta comunidad y nos sirve como herramienta de trabajo.

De esta manera, cada uno de nosotros intenta ayudar de la mejor manera posible a quien necesita orientación. Esto de ninguna manera puede considerarse vanidad.

– ¿Y por qué no?

– ¿Dirías que un profesor es vanidoso porque intenta transmitir conocimientos a sus alumnos?

– Eso es muy diferente.

– En este caso, ¿no deberían los científicos, inventores, etc. mostrar sus descubrimientos al mundo, para no ser tildados de exhibicionistas?

Para demostrar su modestia, Albert Sabin, por ejemplo, haría mejor en dejar de lado la vacuna contra la polio?

– Ahora estás intentando decir que soy más que estúpida.

– No, Helena. Mi intención es simplemente hacerte ver que la persona que descubre o comprende algo y sabe que puede ayudar a su prójimo, tiene el deber de demostrar sus teorías sobre el tema, y tratar de demostrar, con los medios que tiene a su alcance, que es bueno y puede usarse para mejorar la vida. Si no fuera así, ¿qué valor tendría la investigación científica?

– Siguiendo tu razonamiento, me disculparé, pero no del todo.

– ¿No me entiendes?

– Claro que sí. Pero no estamos hablando de inventos y descubrimientos de la ciencia.

– En cierto modo, sí lo estamos. Me llamaste vanidoso y exhibicionista solo porque descubrí que, debido a más de treinta años en un rol en el que me veía obligado a interactuar con personas de todo tipo, llegué a comprender casi exactamente los actos que realizaban. Antes, cuando era fiscal, la vanidad me cegaba y utilizaba mi poder de persuasión para mantener mi posición inmejorable. ¡Pero ahora no!

Después de mudarme aquí, entendí que debo utilizar mi talento, libre de cualquier compromiso, solo para ayudar a las personas que, como tú, pensando en protegerse, insisten en no abrir los ojos a la verdad.

Me di cuenta que, con diferentes palabras, el señor Sombra me estaba diciendo lo mismo que Nora ya había hablado antes: estaba utilizando a Sérgio para enmascarar mi complejo de culpa, y al mismo tiempo que intentaba explicarme, ese hombre insinuó que era a mí a quien pretendía ayudar, y no a mi marido. Iba a contarle esto, pero no tuve la oportunidad, porque mi atención se desvió hacia un grupo de personas que corrían emocionados hacia un camión estacionado a unos metros de donde yo estaba.

– ¿Qué es este lío? - Le pregunté a Nora, que estaba muy tranquila, sentada en el césped.

– Emanuel llegó con los niños que hoy cruzarán el arroyo. Los más pequeños cruzan en barco y la gente disfruta mirando.

– ¡Cuan pequeños! No vi ningún niño por aquí excepto esos dos que almorzaron con nosotros.

Pero no son pequeños.

– Claro que no. Los que cruzan en embarcaciones son mucho más pequeños. En su mayoría bebés pequeños.

– ¿Quieres decir que familias enteras se mudan al valle? Los bebés suelen llorar y no escuché nada durante la noche. ¿Dónde estaban?

– No todos los que pasan al otro lado son huéspedes de la Casa Azul. Los niños pequeños, por ejemplo, vienen directamente a los barcos.

Emanuel los guía personalmente hasta el cruce. Lo acompañan en su camión y son transportados inmediatamente allí.

– Vaya, Nora, la situación aquí es mucho peor de lo que imaginaba.

– Quizás estemos en medio de una pandilla internacional. ¡Incluso el tráfico de niños ocurre aquí y nadie intenta detenerlo!

– Te gusta cambiar las cosas, ¿no, Helena? ¿Qué te hace pensar que están traficando con niños?

– Deben ser simplemente niños abandonados que esa comunidad acoge.

– Todos los días van varios de ellos.

– ¿A nadie hasta la fecha le ha interesado saber de dónde vienen?

– No. Porque los huéspedes de la Casa Azul en la Colina generalmente no se preocupan por tantas razones.

– Llegamos, disfrutamos de la excelente hospitalidad y luego nos vamos a casa, o si lo prefieres, más allá del arroyo. Eso es todo. Una persona curiosa y desconfiada como tú, estoy a punto de ver a alguien más.

– Pero esto no es solo curiosidad, Nora. Es incluso una cuestión de solidaridad.

¿Quién le dio a Emanuel o a cualquier otra persona el derecho de decidir así la vida de los niños pobres? Aunque sean niños abandonados, hay que tener en cuenta que las personas que viven en ese valle no parecen normales, e incluso pueden ser peligrosas.

¡No entiendo cómo hasta hoy nadie ha intervenido para poner fin a la irresponsabilidad de Emanuel!

¿Sabes lo que es? Cada persona pasa aquí muy poco tiempo.

Salvo raras excepciones como el caso de Jair o ese hombre que vimos llorar, la mayoría de nosotros no pasamos 24 horas en este lugar.

Apenas tenemos tiempo para razonar, porque nuestra sensibilidad se ve muy afectada.

- Eres más resiliente que la mayoría de las personas. Tu curiosidad, por ejemplo, no se vio mermada en absoluto.

– Estoy completamente de acuerdo contigo en eso. Y por eso insisto en ir a ver de cerca lo que les está pasando a los niños. ¿Vienes conmigo?

– Vamos, pero ¿y el señor Sombra?

– Así es, necesito advertirle.

– ¿Te importaría esperarme unos minutos? - Dije, mirando hacia la figura al otro lado del arroyo.

– Todo bien. Sé mi invitada.

– Te veo más tarde.

– Adiós, Helena.

Recuerdo que Nora y yo tuvimos que trabajar un poco para pasar entre la gente que rodeaba el camión. Cuando finalmente logramos acercarnos lo suficiente, entendí por qué todos querían ver el espectáculo, que era magnífico.

A donde llegamos la niebla no era tan espesa, lo que nos permitió ver algunas pequeñas embarcaciones cruzando muy lentamente el arroyo encantado.

Eran barquitos de colores: había barquitos blancos, amarillos, azules, rosas y verdes. En cada uno de ellos viajaban muy cómodamente cinco o seis niños, alojados entre cojines y flores.

Todos los niños eran hermosos y sonrientes.

Estaba tan encantada con el espectáculo que incluso había olvidado mi anterior indignación. Entonces, vi en los brazos de Emanuel, un niño que hizo que mi corazón diera un vuelco.

¡Dios mío, cómo se parecía a mi Vania!

Esta visión actuó como una palanca, desbloqueando todos mis sentidos, que estaban medio dormidos desde la tarde anterior. Comencé a empujar a todos los que estaban frente a mí, mientras las lágrimas rodaban por mi rostro, como si fueran cascadas que hubieran estado represadas desde hace algún tiempo. Mi llanto sonó como el aullido de un perro herido. De repente, ya ni siquiera tuve que luchar contra esa pequeña multitud. Asustada, la gente se hizo a un lado, dejándome pasar. Cuando me acerqué a Emanuel, ya no tenía a la niño en brazos.

Miré aterrada hacia el arroyo y vi a mi pequeña hija en el último bote de la fila. ¡Ella era tan bella!

– Por favor - grité desesperadamente -. Detén este pequeño barco rosa. Me están robando a mi bebé.

Alguien logró, con la ayuda de un palo, tirar de la pequeña embarcación que aun estaba cerca de la orilla del arroyo, lo que provocó que encallara.

Corrí emocionada extendiendo mis brazos a mi pequeña, quien no parecía reconocerme. Entonces, volvió a ocurrir el fenómeno que ocurrió en ese momento cuando quise ayudar al hombre que gemía. No pude acercarme más a la orilla del arroyo para recuperar a mi hija.

La desesperación me invadió por completo, lo que me hizo empezar a gritar y saltar como loca.

– Helena - dijo Nora, que seguía a mi lado -. Si quieres llegar hasta tu pequeña, debes desvestirte, ¿recuerdas? Y no olvides que no volverás después de eso.

Para quedarte con Vania, tendrás que abandonar definitivamente a tu marido y a tus otras dos hijas. Piénsalo bien antes de tomar una decisión que será irrevocable.

Estas palabras me hicieron calmarme un poco.

Aun bastante agitada, respondí:

– ¡Eso no es todo! Voy a recoger a mi hija y ambos nos vamos a casa.

Reto a cualquiera a que intente detenerme.

Entre hablar y hacer hay una diferencia enorme. ¿Cómo podría ir a buscar a Vania si no podía llegar más lejos?

Estaba a punto de empezar a gritar de nuevo cuando una voz tranquila, seria y poderosa interfirió en mis planes. Era Emanuel.

– Cálmate, Helena. No tiene sentido llegar a Vania. Ella no querrá volver.

– ¡Qué cosa tan absurda estás diciendo! – Exclamé indignada. La niña tiene solo tres años. ¿Cómo tienes el desparpajo de hacer tal declaración?

Lo que debes hacer es prepararte para enfrentar a las autoridades, porque en cuanto me vaya de este lugar me dirijo directo a la primera comisaría que encuentre, para denunciar las cosas raras que pasan aquí, entre ellas el secuestro de menores.

Ahora, intenta traer a mi hija de regreso, ya que yo no puedo recuperarla.

– No hay secuestro. Traigo niños que me extienden los brazos al verme.

De esta manera identifico a quienes deben vivir en el valle más allá del arroyo.

Vania me tendió los brazos cuando tenía apenas tres meses.

Solo que no la traje antes porque Sérgio realmente quería que se quedara contigo. Sabía que ella tenía que irse, pero esperaba que algo sucediera y le fuera posible quedarse. Recién ahora comprendió que no depende solo de su voluntad renunciar a ella y finalmente aceptó la idea de perderla, y me permitió, aunque estaba sufriendo mucho, llevarla a un nueva vida, donde pueda ser feliz.

– Entonces es eso. Mi marido es tu cómplice. Nunca podría haber esperado esto.

Sé que nunca estuvo muy apegado a la chica, pero no imaginé que pudiera aprovechar mi ausencia para deshacerse de ella. Quizás el accidente fue preparado por ustedes dos, para que yo fuera detenida mientras ustedes llevaban a cabo este plan criminal. Me alegro de haberlo descubierto a tiempo para salvar a mi pequeña.

Por favor, Emanuel, no puedes ser tan despiadado. Amo a mi hija y nunca te he hecho ningún daño. ¿Por qué quieres quitármela?

– Sé que es complicado de entender, Helena. Pero lo que te dije es la pura verdad.

Vania quiere irse y tu marido no tiene la culpa de nada, todo lo contrario, durante estos tres años sufrió horrores porque sabía que ella no se quedaría contigo.

Preguntó y me rogó que ignorara el hecho que necesitaba ir más allá del arroyo.

Hice eso y ella aceptó pasivamente quedarse contigo, aunque eso nunca la hizo feliz. Ahora no puedo dejarla sufrir más. La vida para ella no es contigo y tengo la obligación de ayudarla a mudarse al otro lado del arroyo, donde será feliz para siempre. Para demostrarte que no soy despiadado, sino justo, te mostraré un atajo por donde podrás acercarte al barco donde está ella.

– Puedes cogerla y traerla de vuelta, si puedes. También podrás trasladarte con ella a la otra orilla, si ese es tu deseo.

Ven, dame tu mano y te pondré en la dirección exacta que te dará paso, sin ningún problema.

Yo obedecí. Emanuel me guio hasta cierto punto y me dijo que siguiera adelante.

Fui rápida y cuando llegué a la orilla del arroyo, estaba jadeando y completamente helada.

El deseo de tener a mi bebé en brazos era más fuerte que todo eso.

La saqué del barco, pero casi me desmayo cuando noté su rigidez y el sufrimiento en sus ojitos que me rogaban que la dejara ir. Eso mismo.

Su mirada mostraba un sufrimiento tan intenso que ni siquiera tuve el valor de besarla. Tan rápido como la saqué, la volví a colocar entre los cojines rosas.

Entonces, su mirada me envolvió llena de ternura y tranquilidad y estuve segura que Emanuel tenía toda la razón. Mi Vania no quería estar conmigo. Pero ¿por qué, si la amaba tanto? Allí, en lo más profundo de mi corazón, escuché una suave voz responderme:

– Te amo mamá, amo a mi papá y a mis hermanas. Pero no puedo estar contigo. Pero eso no nos impedirá seguir amándonos, aunque cada uno viva por su cuenta.

Debo estar alucinando, pensé asustada. Pero hace horas que no bebo té.

– ¿Qué me está pasando?

– Ven, Helena, no puedes quedarte más, a menos que decidas seguir a la chica hasta el otro lado - dijo Emanuel, saludándome apresuradamente.

No estaba dispuesta a regresar sin mi hija y por eso decidí ir con ella. Recordé que, para ello, tendría que desnudarme allí mismo, con toda esa gente a mi alrededor.

Reuniendo toda la fuerza de voluntad de la que era capaz, comencé a desabotonarme la blusa, cuando Emanuel decidió decir:

– Sérgio me pidió que te dijera que te espera afuera, en la puerta de la Casa Azul de la Colina. Le dije que te apurarías porque Valéria y Elisabeth te extrañan mucho.

Dejé de trabajar con los botones y me quedé allí, completamente indefensa, sin saber qué hacer.

– Si aceptas una opinión - me dijo Nora -, creo que Sérgio y las niñas te necesitan, mientras que Vania ya no necesita a nadie más.

– ¿Por qué dices eso? Las niñas gozan de buena salud, gracias a Dios.

– Sérgio todavía es lo suficientemente joven para poder rehacer su vida. ¡Pero Vania es tan pequeña, enferma e indefensa! ¿Quién cuidará de ella?

– Acepta la realidad, por favor, Helena. Gracias a tu curiosidad, terminé entendiendo de dónde somos y por qué estamos aquí. Sé que tú también has resuelto el enigma y sabes muy bien que al otro lado, en ese valle brumoso, Vania estará protegida para siempre de todos los males de este mundo.

Tanto es así que también decidí poner fin a esas idas y venidas indeterminables de la Casa Azul de la Colina. Siguiendo el ejemplo de Vania, cruzaré de una vez por todas el arroyo encantado y viviré en paz en esa comunidad. De esta manera matamos dos pájaros de un tiro: yo defino mi destino de una vez por todas y tú puedes volver a casa en paz, porque prometo cuidar de Vania, aunque ambas sabemos que eso no es necesario.

Esto fue dicho y hecho en un abrir y cerrar de ojos. En cuestión de segundos, Nora estaba allí, en el agua, deshaciendo el bote y siguiéndolo, dirigiéndose hacia el valle brumoso.

Caminé lentamente de regreso hacia Emanuel, sin el coraje de darme la vuelta y presenciar la despedida definitiva de Vania, a la que nunca volvería a ver.

Cuando finalmente tuve el coraje de mirar el arroyo, Nora y Vania eran solo figuras, como el señor Sombra.

– Emanuel, ¿por qué Nora no subió al barco con Vania? Había lugar para ella.

– No podría. Solo los niños pueden utilizar el barco. Es solo que no necesitan ser purificados.

El pequeño barco que transportó a Vania hacia una nueva vida había sido el último de ese día. Luego, Emanuel caminó a mi lado, hacia la Casa Azul. Era como un robot, ajeno a todo y a todos. Cuando llegamos, Emanuel me advirtió:

– Mira, Sérgio te espera afuera. No quieres volver a casa.

– Quiero, pero primero respóndeme una última pregunta.

– A tus órdenes.

– Ayer, durante el accidente, fue Sérgio quien quedó inconsciente. ¿Por qué estoy aquí?

– Lo sabrás en cuanto llegues a casa.

– Una cosa más. Si todo esto es un sueño, ¿por qué no puedo ir al valle brumoso a ver a mi hija una vez más?

– Incluso en sueños, quien cruza el arroyo no regresa jamás.

– Entonces, si quieres volver con tu familia, este es el momento.
Ve, Sérgio te está esperando.

¡Tenía muchas ganas de irme, pero estaba muerta de miedo! ¿Qué habría pasado afuera durante ese día cuando me quedé en la

Casa Azul de la Colina? Solo había una manera de saberlo: regresando.

Me quedé quieto unos segundos y respiré profundamente, tratando de reunir coraje.

Finalmente, saludando a doña María, que me observaba, me dirigí hacia la puerta.

Vi a Sérgio con el hombro apoyado en la barandilla, mirando al suelo, muy triste.

Mi corazón se llenó de cariño, pero aun me tomó un tiempo cruzar el portón de aquella mansión, donde viví minutos de completa tranquilidad y donde conocí a personas tan especiales. Al salir por la puerta, sentí un intenso dolor de cabeza que me obligó a soltar un gemido ahogado, mientras ponía mi mano en el punto dolorido.

Asombrada, vi que tenía una venda en la cabeza. Así fue como me reuní con mi marido. De pie en esa puerta, con las manos en la cabeza y gimiendo de dolor. Tan pronto como me vio, me extendió sus brazos, donde inmediatamente me refugié, evitando la tentación de regresar a la Casa Azul de la Colina, donde ya no había más dolor.

Sentí que mis piernas se doblaban y Sérgio me recostó en el césped. Me quedé allí, inerte, cogida de sus manos. Poco a poco comencé a relajarme y reconocí la voz de Valéria, dirigiéndose a su padre:

– ¿Será que ahora que ya no tenemos a Vania, le volveremos a gustar a mamá?

– No hables así, hija mía. Tu madre nunca dejó de amarnos.

– Sí, lo hizo. A ella solo le importaba Vania.

– No seas injusta, Valeria. Mamá se dio cuenta que la pequeña la necesitaba mucho.

Sabía que algo andaba mal y sufrió mucho por ello. Pronto se despertará y tenemos que darle mucho cariño.

– Es decir, si ella lo acepta - respondió Elisabeth uniéndose a la conversación.

"¡Guau! ¡Qué dolidas estaban mis hijas!" Sentí la presencia de todos y me dio una sensación de seguridad.

Aun así, no tuve el valor de abrir los ojos y mirarlos.

Valéria volvió a hablar:

– No entiendo, papá. Sabías que Vania estaba enferma, pero eso no significaba que nos dejaras de lado, mientras mamá...

– Quizás ese haya sido el error, hija mía. Yo lo sabía y tu madre no.

Ella sintió esa angustia y no tenía idea por qué. Nunca le conté la conversación que tuvimos el Dr. Alfonso y yo el día que la recogí del hospital. Me explicó que parecía haber un problema grave con la niña, me pidió que lo autorizara a realizar una serie de pruebas y dijo que Vania debía ser hospitalizada para que se las realizaran. Le sugerí que mamá se quedara también, para que no sospechara nada.

Él aceptó de mala gana, porque pensó que era mejor que habláramos con ella pronto, en caso que se confirmara el problema, como lamentablemente sucedió. El Dr. Alfonso tenía toda la razón, porque después seguí acumulando excusas, sin tener nunca la oportunidad suficiente coraje para revelarle la triste verdad.

Quería preservarla del sufrimiento previsto, pero también en eso fracasé.

Helena nunca fue la misma desde que nació Vania.

No se lo dije, pero ella lo adivinó y mis pobres excusas para sus dudas solo sirvieron para hacerle concluir que no le hacía caso a Vania, como si fuera posible ignorar ese rostro dulce y siempre triste. Ella vivió muy poco, pero la amé cada segundo de su breve existencia con nosotros.

Cómo oré, esperando un milagro que no pudo suceder.

– A nosotros también nos gustó mucho Vania, papá - dijo Elisabeth -. Lástima que mamá quería quedársela para ella. Cuando necesitaba salir, Valéria y yo aprovechamos para jugar con ella.

Sabíamos tener cuidado y Vania también nos quería.

Cada vez que nos acercábamos a la cuna, ella sonreía. La extrañaremos mucho.

Allí estaba mi familia, hablando y pensando que yo todavía dormía.

Todavía no tenía el coraje de abrir los ojos. Mamá también estaba ahí, porque la escuché decir:

– Ten coraje y mucha fe, Sérgio. Estas cosas son parte de todas nuestras vidas.

Tomemos, por ejemplo, esa joven y hermosa niña que tuvo que compartir esta habitación con Helena, por falta de espacio, acaba de morir en la UCI.

– ¡Vaya, qué pena, abuela! - Gritó Elisabeth, ¿sabes qué la mató?

– Su madre me dijo que era una sobredosis de heroína. La pobre cayó en la adicción con solo quince años.

– ¡Qué tristeza, Dios mío! - Exclamó Sérgio, apenado.

– No me digas, hijo mío - continuó mamá -. La pobre señora está inconsolable, ya que no esperaba este resultado. Era un hecho común que hospitalizara a su hija de vez en cuando.

Lamentablemente esta vez fue fatal. Por eso te digo que debemos ser fuertes, Sérgio, incluso porque, en determinados casos, no nos queda otra opción que simplemente aceptar los hechos.

– Creo que ya lo acepté. Ahora solo queda esperar y ver cómo reacciona Helena.

Me preocupa su estado. El corte en la cabeza fue desagradable, pero no afectó al cerebro.

Le aplicaron sedantes para que el dolor no la molestara; sin embargo, debería haberse despertado hace un tiempo. No sé qué hacer. ¿Cómo reaccionará cuando se entere de la muerte de Vania?

No quiero ni pensar.

– Pues entonces no lo pienses. Entonces veremos cómo va, concluyó mamá.

Todavía tenía miedo de abrir los ojos. Por la conversación entendí que había resultado herida en el accidente y que desde entonces estaba en un hospital. Dijeron que mi pequeña hija había muerto. ¡Qué raro! Todo lo que vi, sentí y oí en la Casa Azul de la Colina había sido tan real que no podía creer la muerte de Vania. Para mí, ella vivía muy feliz en ese valle lleno de niebla más allá del arroyo encantado.

– ¡Tipo! - Exclamó Sérgio, muy nervioso: Mira, Helena se está despertando.

Mira cómo me aprieta la mano. Valeria, ve rápido y busca una enfermera.

– No es necesario, dije en voz baja. Yo estoy muy bien.

Abrí los ojos lentamente, pero aun así la luz casi me cegó.

Poco a poco comencé a visualizar a mi familia. ¡Pobrecitos! Todos los ojos estaban puestos en mí, con una mezcla de alegría, ansiedad y consternación.

Logré esbozar una débil sonrisa, con la intención de tranquilizarlos.

Me sentí fuera de lugar entre ellos. Muy lentamente, el hielo tendría que romperse. Me tomó algún tiempo reunirme definitivamente con las chicas y con Sérgio, pero, gracias a Dios, logramos recuperar toda la armonía que casi expulsé de nuestras vidas.

FIN

Grandes Éxitos de Zibia Gasparetto

Con más de 20 millones de títulos vendidos, la autora ha contribuido para el fortalecimiento de la literatura espiritualista en el mercado editorial y para la popularización de la espiritualidad. Conozca más éxitos de la escritora.

Romances Dictados por el Espíritu Lúcio

La Fuerza de la Vida

La Verdad de cada uno

La vida sabe lo que hace

Ella confió en la vida

Entre el Amor y la Guerra

Esmeralda

Espinas del Tiempo

Lazos Eternos

Nada es por Casualidad

Nadie es de Nadie

El Abogado de Dios

El Mañana a Dios pertenece

El Amor Venció

Encuentro Inesperado

Al borde del destino

El Astuto

El Morro de las Ilusiones

¿Dónde está Teresa?

Por las puertas del Corazón

Cuando la Vida escoge

Cuando llega la Hora

Cuando es necesario volver

Abriéndose para la Vida

Sin miedo de vivir

Solo el amor lo consigue

Todos Somos Inocentes

Todo tiene su precio

Todo valió la pena

Un amor de verdad

Venciendo el pasado

Otros éxitos de Andrés Luiz Ruiz y Lúcio

Trilogía El Amor Jamás te Olvida

La Fuerza de la Bondad

Bajo las Manos de la Misericordia

Despidiéndose de la Tierra

Al Final de la Última Hora

Esculpiendo su Destino

Hay Flores sobre las Piedras

Los Peñascos son de Arena

Otros éxitos de Gilvanize Balbino Pereira

Linternas del Tiempo

Los Ángeles de Jade

El Horizonte de las Alondras

Cetros Partidos

Lágrimas del Sol

Salmos de Redención

Libros de Eliana Machado Coelho y Schellida

Corazones sin Destino

El Brillo de la Verdad

El Derecho de Ser Feliz

El Retorno

En el Silencio de las Pasiones

Fuerza para Recomenzar

La Certeza de la Victoria

La Conquista de la Paz

Lecciones que la Vida Ofrece

Más Fuerte que Nunca

Sin Reglas para Amar

Un Diario en el Tiempo

Un Motivo para Vivir

¡Eliana Machado Coelho y Schellida, Romances que cautivan, enseñan, conmueven y
pueden cambiar tu vida!

Romances de Arandi Gomes Texeira y el Conde J.W. Rochester

El Condado de Lancaster

El Poder del Amor

El Proceso

La Pulsera de Cleopatra

La Reencarnación de una Reina

Ustedes son dioses

Libros de Marcelo Cezar y Marco Aurelio

El Amor es para los Fuertes

La Última Oportunidad

Nada es como Parece

Para Siempre Conmigo

Solo Dios lo Sabe

Tú haces el Mañana

Un Soplo de Ternura

Libros de Vera Kryzhanovskaia y JW Rochester

La Venganza del Judío

La Monja de los Casamientos

La Hija del Hechicero

La Flor del Pantano

La Ira Divina

La Leyenda del Castillo de Montignoso

La Muerte del Planeta

La Noche de San Bartolomé

La Venganza del Judío

Bienaventurados los pobres de espíritu

Cobra Capela

Dolores

Trilogía del Reino de las Sombras

De los Cielos a la Tierra

Episodios de la Vida de Tiberius

Hechizo Infernal

Herculanum

En la Frontera

Naema, la Bruja

En el Castillo de Escocia (Trilogía 2)

Nueva Era

El Elixir de la larga vida

El Faraón Mernephtah

Los Legisladores

Los Magos

El Terrible Fantasma

El Paraíso sin Adán

Romance de una Reina

Luminarias Checas

Narraciones Ocultas

La Monja de los Casamientos

Libros de Elisa Masselli

Siempre existe una razón

Nada queda sin respuesta

La vida está hecha de decisiones

La Misión de cada uno

Es necesario algo más

El Pasado no importa

El Destino en sus manos

Dios estaba con él

Cuando el pasado no pasa

Apenas comenzando

**Libros de Vera Lúcia Marinzeck de Carvalho
y Patricia**

Violetas en la Ventana

Viviendo en el Mundo de los Espíritus

La Casa del Escritor

El Vuelo de la Gaviota

**Vera Lúcia Marinzeck de Carvalho
y Antônio Carlos**

Amad a los Enemigos

Esclavo Bernardino

la Roca de los Amantes

Rosa, la tercera víctima fatal

Cautivos y Libertos

Libros de Mónica de Castro y Leonel

A Pesar de Todo

Con el Amor no se Juega

De Frente con la Verdad

De Todo mi Ser

Deseo

El Precio de Ser Diferente

Gemelas

Giselle, La Amante del Inquisidor

Greta

Hasta que la Vida los Separe

Impulsos del Corazón

Jurema de la Selva

La Actriz

La Fuerza del Destino

Recuerdos que el Viento Trae

Secretos del Alma

Sintiendo en la Propia Piel

Otros Libros de Valter Turini y Monseñor Eusébio Sintra

Isabel de Aragón, La reina médium

El Monasterio de San Jerónimo

El Pescador de Almas

La Sonrisa de Piedra

Los Caminos del Viento

Si no te amase tanto...

World Spiritist Institute

www.ingramcontent.com/pod-product-compliance
Lightning Source LLC
LaVergne TN
LVHW092055060526
838201LV00047B/1401